Quick Guide

Reihe herausgegeben von
Springer Fachmedien Wiesbaden
Wiesbaden, Deutschland

Quick Guides liefern schnell erschließbares, kompaktes und umsetzungsorientiertes Wissen. Leser erhalten mit den Quick Guides verlässliche Fachinformationen, um mitreden, fundiert entscheiden und direkt handeln zu können.

Michael Witzenleiter

Quick Guide Product Analytics

Wie Sie mit Systemen wie Google Analytics 4 und Co. mehr über Ihre Nutzer und deren Produktakzeptanz lernen können

Michael Witzenleiter
Conversion Maker GmbH
Offenburg, Baden-Württemberg
Deutschland

ISSN 2662-9240　　　　　　　ISSN 2662-9259　(electronic)
Quick Guide
ISBN 978-3-658-42919-5　　　ISBN 978-3-658-42920-1　(eBook)
https://doi.org/10.1007/978-3-658-42920-1

Die Deutsche Nationalbibliothek verzeichnet diese Publikation in der DeutschenNationalbibliografie; detaillierte bibliografische Daten sind im Internet über http://dnb.d-nb.de abrufbar.

© Der/die Herausgeber bzw. der/die Autor(en), exklusiv lizenziert an Springer Fachmedien Wiesbaden GmbH, ein Teil von Springer Nature 2023

Das Werk einschließlich aller seiner Teile ist urheberrechtlich geschützt. Jede Verwertung, die nicht ausdrücklich vom Urheberrechtsgesetz zugelassen ist, bedarf der vorherigen Zustimmung des Verlags. Das gilt insbesondere für Vervielfältigungen, Bearbeitungen, Übersetzungen, Mikroverfilmungen und die Einspeicherung und Verarbeitung in elektronischen Systemen.
Die Wiedergabe von allgemein beschreibenden Bezeichnungen, Marken, Unternehmensnamen etc. in diesem Werk bedeutet nicht, dass diese frei durch jedermann benutzt werden dürfen. Die Berechtigung zur Benutzung unterliegt, auch ohne gesonderten Hinweis hierzu, den Regeln des Markenrechts. Die Rechte des jeweiligen Zeicheninhabers sind zu beachten.
Der Verlag, die Autoren und die Herausgeber gehen davon aus, dass die Angaben und Informationen in diesem Werk zum Zeitpunkt der Veröffentlichung vollständig und korrekt sind. Weder der Verlag noch die Autoren oder die Herausgeber übernehmen, ausdrücklich oder implizit, Gewähr für den Inhalt des Werkes, etwaige Fehler oder Äußerungen. Der Verlag bleibt im Hinblick auf geografische Zuordnungen und Gebietsbezeichnungen in veröffentlichten Karten und Institutionsadressen neutral.

Planung/Lektorat: Rolf-Guenther Hobbeling
Springer Gabler ist ein Imprint der eingetragenen Gesellschaft Springer Fachmedien Wiesbaden GmbH und ist ein Teil von Springer Nature.
Die Anschrift der Gesellschaft ist: Abraham-Lincoln-Str. 46, 65189 Wiesbaden, Germany

Das Papier dieses Produkts ist recyclebar.

Vorwort

Brauchen wir in der heutigen Zeit wirklich neue Analyse-Systeme? Nutzen wir die vorhandenen, klassischen Webanalyse-Tools überhaupt schon richtig? Viele dieser Fragen gingen mir durch den Kopf, als ich vor rund vier Jahren das erste Mal in Berührung mit einem Product-Analytics-System kam. Ich möchte Ihnen, lieber Leser, in diesem Buch einen Einblick in die faszinierende Welt dieser Systeme (z. B. Mixpanel, Amplitude ...) geben und Ihnen aufzeigen, wieso Google Analytics 4 ein guter Einstieg in die Welt der Product Analytics sein kann.

Die zentrale Frage dabei ist: Wie können Sie mithilfe von Systemen wie Google Analytics 4 und Co. mehr über Ihre Produkte und Nutzer lernen?

Product Analytics ist ein komplexes Thema, das viele Fragen aufwirft. Was sind Product-Analytics-Lösungen und wie unterscheiden sie sich von anderen Systemen? Welche Rolle können und sollten sie in einem Technologie-Stack spielen? Wie können Sie ein solches System Schritt für Schritt einführen und welche Checkliste sollten Sie bei der Auswahl von Anbietern berücksichtigen?

In diesem Buch nehme ich Sie mit auf eine Reise durch zehn sorgfältig ausgewählte Kapitel. Unsere Reise beginnt mit einer Einführung in das Feld der Product Analytics, einer Entschlüsselung seiner Komplexität und einer Betrachtung seiner Bedeutung und seines Wertes für Unternehmen. Von dort aus tauchen wir tiefer in die Praxis der Product Analytics in Unternehmen ein, und ich teile mit Ihnen die Erkenntnisse und Erfahrungen, die ich in meiner langjährigen Tätigkeit in diesem Bereich gesammelt habe.

Ein wesentlicher Aspekt dieser Reise ist die Auswahl des richtigen Analyse-Tools. Ich führe Sie durch die wichtigen Überlegungen, die bei der Auswahl eines Tools zu berücksichtigen sind, und zeige Ihnen, wie man es effektiv in Ihr Unternehmen integriert. Ein weiterer zentraler Punkt ist die Entwicklung einer Datenstrategie. Ich erkläre Ihnen, warum eine solide Datenstrategie unerlässlich ist und wie Sie diese in Ihrem Unternehmen umsetzen können.

Wir werden auch fortschrittlichere Gebiete der Analyse betreten und ich werde Ihnen einige der komplexeren Analysemethoden vorstellen, die Ihnen dabei helfen, Ihre Geschäftsergebnisse zu optimieren. Ein weiteres Kapitel ist dem Bereich Marketing Analytics gewidmet, ein Aspekt, der oft übersehen wird, aber von entscheidender Bedeutung ist.

Ein besonderer Teil dieses Buches ist den branchenspezifischen Anwendungsbeispielen für Product Analytics gewidmet. Hier teile ich mit Ihnen reale Beispiele, wie Product Analytics in verschiedenen Branchen erfolgreich eingesetzt wird.

Einen speziellen Exkurs habe ich Google Analytics 4 gewidmet, einem der Marktführer unter den Analyse-Tools. Ich werde Sie durch die Vor- und Nachteile führen und Ihnen helfen, zu beurteilen, ob es für Ihr Unternehmen geeignet ist.

Zum Abschluss unserer Reise werfen wir einen Blick in die Zukunft und betrachten, wohin die Entwicklung der Product Analytics gehen könnte.

Egal, ob Sie ein erfahrener Profi oder ein Neuling auf diesem Gebiet sind, ich hoffe, dass Sie durch die Lektüre dieses Buches wertvolle Erkenntnisse und Kenntnisse gewinnen, die Ihnen dabei helfen, Ihr Geschäft voranzutreiben und Ihre Ziele zu erreichen. Es ist meine aufrichtige Hoffnung, dass dieses Buch eine Quelle der Inspiration und des Lernens für Sie sein wird und Sie damit Product Analytics so schätzen und lieben werden, wie ich es tue.

Herzlichst   Michael Witzenleiter

Danksagung

Bücher sind nur dickere Briefe an Freunde. (Jean Paul, deutscher Autor)

Mit diesem Zitat möchte ich mich bei Ihnen, lieber Leser, bedanken, dass Sie dieses Buch gekauft und hoffentlich bis hierhin gelesen haben. Product Analytics ist ein spannendes Zukunftsthema und es freut mich, dass Sie sich dafür interessieren und diesen Weg bis hierhin mit mir gegangen sind. Ich wünsche Ihnen viel Spaß beim Ausprobieren und eigene Erfahrungen sammeln in diesem Thema und hoffe, dass auch unsere „Freundschaft", wie das Zitat sagt, erhalten bleibt. Sollten Sie Fragen, Wünsche oder Anregungen haben, freue ich mich auch über jede Mail oder Nachricht, die Sie über LinkedIn an mich richten möchten. Keine Sorge, meinen Namen finden Sie dort sehr leicht:-).

Darüber hinaus möchte ich mich an dieser Stelle auch bei meinen Kollegen von Conversion Maker sowie meiner Familie für die große Unterstützung während der langen Zeit des Schreibprozesses bedanken. Ohne Euch wäre dieses Buch nicht möglich gewesen.

Zu guter Letzt möchte ich auch Herrn Hobbeling und Frau Borstelmann seitens des Springer Gabler-Verlags danken, die mich während der Schreibzeit ausführlich unterstützt haben und diesmal viel Geduld mit mir aufbringen mussten.

Inhaltsverzeichnis

1	Einführung in Product Analytics	1
1.1	Was ist Product Analytics?	1
1.2	Abgrenzung zu anderen Analysemethoden	5
1.3	Best Practices für Product Analytics	7
1.4	Herausforderungen bei der Implementierung von Product-Analytics-Systemen	10
	Literatur	13
2	**Product Analytics in der Unternehmenspraxis**	15
2.1	Wie Sie Ihr Unternehmen daten-getriebener bekommen	15
2.2	Einsatzgebiete von Product Analytics im Unternehmen	18
2.3	Interdisziplinäres Arbeiten mit Daten	20
2.4	Organisation und Governance von Product Analytics	23
2.5	Die Arbeit mit Measurement Frameworks	26
	2.5.1 Pirate Framework	26
	2.5.2 HEART-Framework	27
	2.5.3 RICE-Framework	30

XI

	2.5.4 RUM-Framework	32
	2.5.5 Lean Analytics Framework	33
	2.5.6 OKRS	36
	2.5.7 Balanced Scorecard	39
2.6	Mitarbeiterqualifikationen und Schulungsbedarf	42
Literatur		46

3 Auswahl des passenden Product Analytics-Tools   49
- 3.1 Die Bedeutung der richtigen Produktanalyse-Lösung   49
- 3.2 Die spezifischen Bedürfnisse des Unternehmens   50
- 3.3 Überblick über die gängigsten Lösungen im Bereich Product Analytics   53
- 3.4 Schlüsseltrends für die Auswahl der richtigen Lösung   57
- 3.5 Entscheidungskriterien bei der Tool-Auswahl   61
- 3.6 Wie man in dem Markt auf dem Laufenden bleibt   63
- 3.7 Was ist ein Technology Stack?   65
- Literatur   67

4 Datenstrategie und die Bedeutung von Daten in Unternehmen   69
- 4.1 Warum Sie eine Datenstrategie brauchen   69
- 4.2 Die Rolle von Daten in der Unternehmenswelt   72
- 4.3 Die Erarbeitung einer Datenstrategie   73
- 4.4 Herausforderungen bei der Umsetzung einer Datenstrategie   74
- Literatur   79

5 Implementierung von Product Analytics   81
- 5.1 Planung und Vorbereitung der Implementierung   81
- 5.2 Integration in die IT-Infrastruktur   88
- 5.3 Die Rolle der Datenmodellierung   89
- 5.4 Product Analytics, A/B-Tests und Feature Toogles   93
- Literatur   96

6	**Marketing-Optimierung mit Product Analytics**	**97**
	6.1　Die wichtigsten KPIs des digitalen Marketings	97
	6.2　Analyse von Marketingkanälen und Kampagnen	99
	6.3　Zielgruppenanalyse und Personalisierung von Kampagnen	101
	6.4　Attribution und Erfolgsmessung von Marketingmaßnahmen	103
	Literatur	106
7	**Fortgeschrittene Analysemethoden in Product Analytics**	**107**
	7.1　Predictive Analytics und Machine Learning	107
	7.2　Customer Lifetime Value und Customer Value Analysen	110
	Literatur	114
8	**Branchenspezifische Beispiele für die Anwendung von Product Analytics**	**115**
	8.1　Warum Product Analytics branchenspezifisch aufgesetzt werden sollte	115
	8.2　eCommerce – Warum Onlinehändler stark von Product Analytics profitieren	117
	8.3　Der Ursprung von Product Analytics: Software-as-a-Service	121
	8.4　Product Analytics im Medien- und Entertainment-Bereich: die digitale Revolution meistern	123
	8.5　Product Analytics in Banking und Finance: „Kochen, was den Kunden schmeckt"	126
	Literatur	129
9	**Exkurs: Google Analytics 4: ein geeignetes Product-Analytics-System?**	**131**
	9.1　Einführung in Google Analytics 4	131
	9.1.1　Merkmale von Google Analytics 4	132
	9.1.2　Vorteile der Verwendung von Google Analytics 4	133

9.1.3 Warum ist Google Analytics wichtig für
Product Analytics? 133
9.1.4 Was sind die Unterschiede von Google
Analytics 4 zu früheren Versionen? 135
9.2 Einrichtung von Google Analytics 4 137
9.3 Die wichtigsten Neuerungen in GA 4 142
Literatur 146

10 Die Zukunft von Product Analytics 147
10.1 Wohin führt die Zukunft von Product Analytics? 147
10.2 Einfluss auf Unternehmen 149

Glossar 151

Über den Autor

Michael Witzenleiter ist ein deutscher Serien-Unternehmer sowie Gründer und Geschäftsführer des KI-Startups Conversion Maker. Er hat sich darauf spezialisiert, wie KI in Data, Marketing und Retail gewinnbringend eingesetzt werden kann, und ist aufgrund seiner Expertise auch außerhalb des Podcasts *Das Gelbe vom AI* ein gefragter Speaker und Autor. Seine Erkenntnisse im Bereich A/B-Testing, Analytics und Verkaufspsychologie, die er in über 15 Jahren im Onlinemarketing gesammelt hat, teilt er in seinem Buch *Quick Guide A/B Testing* sowie dem Podcast *CRO.café*. Zudem ist er als Dozent an verschiedenen Hochschulen tätig.

Abbildungsverzeichnis

Abb. 1.1	Contentsquare: Entwicklung Webanalytics. **(Quelle:** Contentsquare, 2023**)**	3
Abb. 1.2	Polaris: Marktentwicklung der Product-Analytics-Systeme. **(Quelle:** Polaris, 2023**)**	4
Abb. 1.3	Vergleich Product Analytics vs. Marketing Analytics. (Eigene Darstellung)	7
Abb. 2.1	Pirate Framework. (Quelle: Van Gasteren, 2023)	28
Abb. 2.2	HEART- Framework. (Quelle: Sauro, 2019)	28
Abb. 2.3	RICE- Framework. (Quelle: Singh, 2020)	31
Abb. 2.4	Lean Analytics Framework. (Quelle: eigene Darstellung in Anlehung an Vaidy, 2016	35
Abb. 2.5	OKR Framework. (Quelle: in Anlehnung an Kanbanize, 2022)	37
Abb. 2.6	Balanced Scorecard Framework. (Quelle: in Anlehnung an Monday.com, 2023)	40
Abb. 3.1	Integrationsbeispiel des Tools Mixpanel. (Quelle: Mixpanel, 2022)	52
Abb. 3.2	Darstellung eines Dashboards in Pendo. (Quelle: Pendo, 2021)	55

Abb. 3.3	Abbildung einer Sessionplaylist in Fullstory. (Quelle: Fullstory, 2023)	56
Abb. 4.1	Abbildung des Data Governance Prozesses. (Quelle: eigene Darstellung in Anlehnung an Lynnemurray, 2020)	77
Abb. 5.1	Beispiel einer Mapping-Visualisierung von Eric H. Kim. (Quelle: Kim, 2021)	84
Abb. 5.2	Beispiel eines Datenmodells. (Quelle: Goel, 2021)	92
Abb. 6.1	Typische Attributionsmodelle	104
Abb. 8.1	Beispielreport aus dem Finance-Bereich aus dem Tool Mixpanel	127
Abb. 9.1	Zuordnungen in Universal Analytics vs. Google Analytics 4. (Quelle: support.google.com)	139
Abb. 9.2	Advertising Space in Google Analytics 4 (Screenshot)	143

1 Einführung in Product Analytics

> **Was Sie aus diesem Kapitel mitnehmen**
>
> - Warum Product-Analytics-Systeme derzeit stark boomen.
> - Was sie von klassischen Webanalytics- und Marketing-Analytics-Systemen unterscheidet.
> - Was das Ganze mit Ihren Unternehmenszielen zu tun hat und welche Best Practices es zu beachten gilt.
> - Was Sie bereits jetzt strategisch für die Implementierung im Blick haben sollten.

1.1 Was ist Product Analytics?

„Product Analytics geht über die reine Erfassung von Website-Traffic und Verkaufszahlen hinaus und befasst sich mit der Analyse von Produktmerkmalen, Nutzerverhalten und anderen Daten, die helfen können, die Produktentwicklung und das Marketing zu verbessern." (Aseem Ali, Director of Product Analytics bei LinkedIn)

Product Analytics bezeichnet die systematische Analyse von Produkten und Nutzern, um Erkenntnisse zu gewinnen, die zur Verbesserung von Produkten und Dienstleistungen sowie zur Steigerung der Nutzerzufriedenheit beitragen. Dabei werden Daten aus verschiedenen Quellen wie Websites, mobilen Apps oder Social-Media-Plattformen gesammelt und analysiert. Laut einer Studie von McKinsey & Company aus dem Jahr 2019 nutzen bereits über 70 % der Unternehmen Analysetools, um ihre Produkte und Dienstleistungen zu verbessern. (McKinsey, 2019) Product Analytics geht jedoch über die reine Datensammlung hinaus und setzt auf eine systematische Auswertung der Daten, um wichtige Erkenntnisse zu gewinnen. In der Regel handelt es sich dabei um extrem flexible, häufig event-basierte Tracking-Systeme, die sehr viele individuelle Messbarkeiten in Form von Event, oder User-Properties erlauben. So lässt sich zum Beispiel die Kundentreue, der Customer Lifetime Value oder produktnutzungs-spezifische Kennzahlen wie Nutzungsdauer, -intensität oder -zufriedenheit damit ableiten oder direkt als Werte erheben. (Dykes, 2019)

Eine andere Definition des Themas stammt vom Anbieter Mixpanel: Product Analytics ist „die Praxis der Nutzung von Daten, um Entscheidungen zu treffen, die die Entwicklung, Vermarktung und das Wachstum von Produkten verbessern". (Mixpanel, 2023) Diese sehr breite Definition, kommt der Anwendung von Product Analytics in der heutigen Marktüblichkeit sehr nahe.

Product Analytics ist keine völlig neue Disziplin, sondern hat ihre Wurzeln in den Bereichen Web-Analytics und Business Intelligence. Jedoch hat sich das Konzept in den letzten Jahren weiterentwickelt und erweitert, um den spezifischen Anforderungen von Produkten und Nutzern gerecht zu werden. Insbesondere die Einführung von neuen Technologien wie Machine Learning und die zunehmende Bedeutung von Big Data haben die Möglichkeiten von Product Analytics erheblich erweitert. Die Entwicklung von Produktanalyse-Systemen begann in den späten 1990er Jahren mit der Verbreitung von E-Commerce und der Notwendigkeit, das Verhalten von Online-Kunden zu verstehen (siehe Abb. 1.1). Seitdem haben sich diese Systeme kontinuierlich weiterentwickelt und erweitert, um den sich ändernden Anforderungen des Online-Marktes gerecht zu werden. Heute gibt es eine Vielzahl

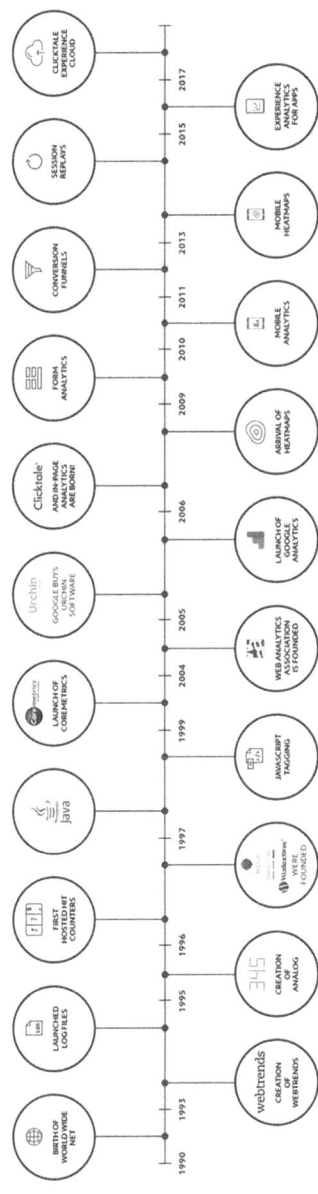

Abb. 1.1 Contentsquare: Entwicklung Webanalytics. (Quelle: Contentsquare, 2023)

von Produktanalyse-Systemen auf dem Markt, die Unternehmen dabei unterstützen, das Verhalten ihrer Kunden zu analysieren und fundierte Entscheidungen zu treffen.

Die Verbreitung dieser Systeme steigt momentan rasant an, wie der Marktüberblick in Abb. 1.2 zeigt.

Deutlich wird hierbei auch: Product-Analytics-Systeme sind keine ausschließlich amerikanische Erscheinung. Sie werden weltweit in vielen Unternehmen eingesetzt, um Daten über ihre Produkte und Nutzer zu sammeln und zu analysieren. Einige der führenden Anbieter von Product-Analytics-Lösungen, wie Google Analytics, Mixpanel und Amplitude, haben ihren Hauptsitz zwar in den USA, sind aber auch in anderen Ländern präsent und haben Kunden auf der ganzen Welt. Darüber hinaus gibt es auch viele lokale Anbieter von Product-Analytics-Lösungen in verschiedenen Ländern, die auf die Bedürfnisse der jeweiligen Region zugeschnitten sind. In Europa gibt es beispielsweise Unternehmen wie AT Internet, Piwik PRO oder Snowplow Analytics, die sich auf Product Analytics spezialisiert haben und Kunden in verschiedenen Branchen bedienen. Besonders ins Auge fällt auch das rasante prognostizierte Marktwachstum weltweit in den

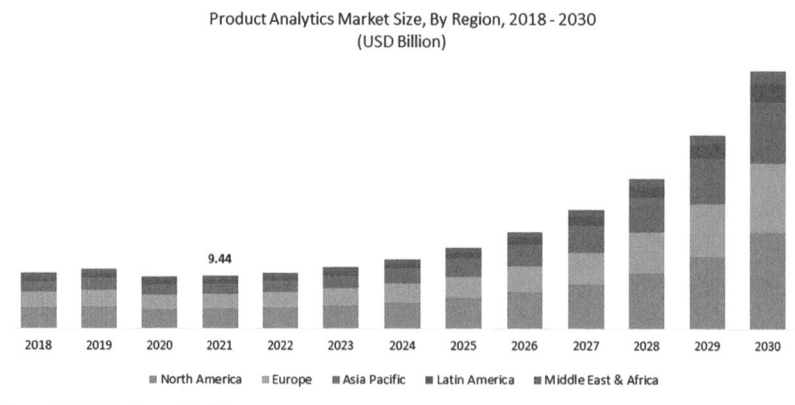

Abb. 1.2 Polaris: Marktentwicklung der Product-Analytics-Systeme. (Quelle: Polaris, 2023)

nächsten Jahren. Die Beschäftigung mit diesem Thema kann man also durchaus als zeitlich sehr passend erachten.

1.2 Abgrenzung zu anderen Analysemethoden

Product-Analytics-Systeme sind streng genommen eine spezielle Art von Webanalyse-Tools, die sich auf die Analyse von Produkten und deren Nutzung durch Benutzer konzentrieren. Im Gegensatz zu allgemeineren Webanalyse-Tools wie Google Analytics, die eine Vielzahl von Informationen über eine Website sammeln, konzentrieren sich Product-Analytics-Systeme auf die Leistung von Produkten, einschließlich der Produktfunktionen, Benutzerinteraktionen und anderer relevanten Messgrößen (vgl. Forrester Research, (2023)).

Einer der Vorteile von Product-Analytics-Systemen ist, dass sie speziell darauf ausgerichtet sind, das Verhalten von Benutzern auf der Website zu verfolgen, die mit einem Produkt interagieren. Dies ermöglicht es Unternehmen, genaue und detaillierte Daten darüber zu sammeln, wie Benutzer Produkte nutzen, was sie mögen und was verbessert werden kann. Darüber hinaus können Product-Analytics-Systeme auch helfen, A/B-Tests und andere Experimente durchzuführen, um zu sehen, wie Änderungen an einem Produkt sich auf das Benutzerverhalten auswirken. Ein weiterer Vorteil von Product-Analytics-Systemen ist, dass sie ein breiteres Spektrum von Datenquellen und Informationen nutzen können, um ein vollständigeres Bild der Produktleistung zu erhalten. Im Gegensatz zu allgemeineren Webanalyse-Tools können Product-Analytics-Systeme beispielsweise Daten aus mobilen Apps, sozialen Medien und anderen Plattformen sammeln, um eine umfassendere Analyse zu erstellen. Ein weiterer wichtiger Vorteil von Product-Analytics-Systemen ist, dass sie den Erfolg eines Produkts auf eine objektive Weise messen können, anstatt sich auf subjektive Bewertungen oder Vermutungen von Stakeholdern zu verlassen. Dies ermöglicht es Unternehmen, Entscheidungen auf der Grundlage von Daten und nicht auf der Grundlage von Meinungen oder Vorurteilen zu treffen, was zu besser informierten Entscheidungen führen kann.

Ein Nachteil von Product-Analytics-Systemen kann jedoch sein, dass sie spezifische Kenntnisse und Fähigkeiten erfordern, um sie effektiv zu nutzen. Da Product-Analytics-Systeme speziell darauf ausgerichtet sind, die Leistung von Produkten zu messen, erfordern sie in der Regel ein tiefes Verständnis von Produkten und wie sie genutzt werden. Unternehmen müssen daher möglicherweise zusätzliche Ressourcen und Schulungen investieren, um das volle Potenzial von Product-Analytics-Systemen auszuschöpfen. Ein weiterer potenzieller Nachteil von Product-Analytics-Systemen ist, dass sie möglicherweise nicht so breit anwendbar sind wie allgemeinere Webanalyse-Tools. Während allgemeinere Webanalyse-Tools für alle Arten von Websites und Unternehmen geeignet sein können, können Product-Analytics-Systeme möglicherweise nur für Unternehmen sinnvoll sein, die Produkte anbieten oder auf Produkte als Haupteinnahmequelle angewiesen sind.

Marketing Analytics ist ein Analysetyp, der sich auf die Effektivität von Marketingkampagnen konzentriert. Es geht darum, zu messen, wie gut Marketingkampagnen funktionieren und welche Art von Rendite sie für das Unternehmen bringen. Marketing Analytics können Unternehmen dabei helfen, ihre Marketingstrategie zu optimieren und ihre Zielgruppe besser zu verstehen. Zu den gängigsten Metriken in der Marketing Analytics gehören die Cost per Acquisition, der Return on Investment, die Conversion Rate und die Click-Through-Rate.

Obwohl Product Analytics und Marketing Analytics unterschiedliche Ziele haben, gibt es einige Gemeinsamkeiten zwischen den beiden. Beide Analysetypen erfordern die Verwendung von Tools zur Datenerfassung und -analyse sowie die Interpretation von Daten, um Entscheidungen zu treffen. Außerdem basieren beide auf der Verwendung von Metriken zur Messung der Leistung und zur Identifizierung von Problembereichen.

Ein weiterer Unterschied zwischen Product Analytics und Marketing Analytics ist die Art der Daten, die analysiert werden. Product Analytics konzentriert sich auf Nutzungsdaten und Verhaltensmuster innerhalb einer Anwendung, während Marketing Analytics sich auf demografische Daten und Klickverhalten auf externen Plattformen konzentriert. Die Daten, die von Product Analytics-Tools erfasst werden, sind oft granularer und spezifischer als die von Marketing Analytics-Tools.

Analytics-System	Product Analytics-Systeme	Marketing Analytics-Systeme
Fokus	Produkt- und Nutzererlebnis	Marketingkanäle und -kampagnen
Datenquellen	Interne Daten (z.B. Nutzerverhalten, Produktnutzung)	Externe Daten (z.B. Website-Traffic, Werbekosten)
Ziele	Optimierung von Produkten und Nutzererlebnis	Optimierung von Marketing-Strategien und -Kampagnen
Kennzahlen	Nutzeraktivität (z.b. Nutzungshäufigkeit, Verweildauer)	Kampagnenleistung (z.B. Klickrate, Conversion-Rate)
Analysetechniken	A/B-Tests, Kohortenanalyse, Trichteranalyse	Attribution Modeling, ROI-Berechnungen, Segmentierung
Verantwortlichkeit	Produktmanager, Designer, Entwickler	Marketingmanager, Werbeagenturen
Zeitrahmen	Langfristig (Produktentwicklung)	Kurz- und mittelfristig (Kampagnenoptimierung)

Abb. 1.3 Vergleich Product Analytics vs. Marketing Analytics. (Eigene Darstellung)

In Bezug auf die Metriken gibt es auch einige Unterschiede zwischen Product Analytics und Marketing Analytics. Product Analytics konzentriert sich auf Metriken wie die Absprungrate und die Nutzungsrate, die anzeigen, wie effektiv ein Produkt funktioniert. Marketing Analytics konzentriert sich dagegen auf Metriken wie die Cost per Acquisition und den Return on Investment, die anzeigen, wie effektiv eine Marketingkampagne ist (Abb. 1.3).

Trotz dieser Unterschiede gibt es auch einige Tools, die für beide Analysetypen verwendet werden können. Ein Beispiel ist Google Analytics, das sowohl für Product Analytics als auch für Marketing Analytics verwendet werden kann. Google Analytics kann verwendet werden, um das Verhalten der Nutzer innerhalb einer Anwendung zu messen, sowie um den Erfolg von Marketingkampagnen zu verfolgen.

1.3 Best Practices für Product Analytics

Um Product Analytics effektiv zu nutzen und aussagekräftige Erkenntnisse über Produkte und Nutzer zu gewinnen, gibt es einige bewährte Best Practices, die Unternehmen beachten sollten. In diesem Text werden einige dieser Best Practices erläutert. (vgl. Mixpanel, 2023) (vgl. Clark, 2023)

a. Definieren Sie klare Ziele
Bevor Sie mit Product Analytics beginnen, sollten Sie sich klare Ziele setzen. Definieren Sie, welche Kennzahlen Sie im Blick behalten möchten und welche Erkenntnisse Sie gewinnen möchten. Ein Beispiel für ein Ziel könnte sein, die Conversion-Rate auf Ihrer Website zu erhöhen. Indem Sie klare Ziele definieren, können Sie sicherstellen, dass Sie Ihre Product Analytics-Erkenntnisse effektiv nutzen.

b. Fokussieren Sie sich auf die wichtigsten Metriken
Um nicht in der Fülle von Daten unterzugehen, sollten Unternehmen sich auf die wichtigsten Metriken konzentrieren. Das bedeutet, dass sie die Kennzahlen identifizieren sollten, die am besten widerspiegeln, wie ihre Produkte genutzt werden. Ein Beispiel könnte die durchschnittliche Verweildauer auf einer bestimmten Seite Ihrer Website sein oder bestimmte Features in der Nutzung ihres Produktes. Indem Sie sich auf die wichtigsten Metriken konzentrieren, können Sie sicherstellen, dass Ihre Analysen aussagekräftig und zielgerichtet sind.

c. Nutzen Sie Segmentierung
Eine effektive Segmentierung kann dazu beitragen, die Nutzererfahrung zu verbessern und die Conversion-Rate zu erhöhen. Indem Sie Nutzer in bestimmte Gruppen segmentieren, können Sie gezielt auf ihre Bedürfnisse eingehen und personalisierte Erfahrungen bieten. Zum Beispiel könnten Sie Nutzer segmentieren, die häufig Produkte in einem bestimmten Preissegment kaufen, und ihnen personalisierte Angebote machen. Ein weiteres Beispiel wäre die Segmentierung von Nutzern, die eine bestimmte Produktkategorie bevorzugen, um ihnen relevantere Inhalte bereitzustellen. Zum Beispiel, auch wenn Ihre Software bestimmte Pro-Features hat, die helfen zu identifizieren, wie der Wissensstand und Reifegrad Ihrer Kunden ist.

d. Verfolgen Sie Änderungen im Nutzerverhalten

Das Nutzerverhalten ändert sich ständig, daher ist es wichtig, Änderungen im Nutzerverhalten im Auge zu behalten und darauf zu reagieren. Indem Sie Änderungen im Nutzerverhalten verfolgen, können Sie Anpassungen an Ihren Produkten und Marketingaktivitäten vornehmen, um sicherzustellen, dass Sie auf die Bedürfnisse Ihrer Nutzer eingehen. Ein Beispiel wäre das Verfolgen von Änderungen in den Suchanfragen auf Ihrer Website und die Anpassung Ihrer Keywords, um sicherzustellen, dass Ihre Inhalte relevant bleiben. Oder vielleicht ändert sich auch das Nutzungsverhalten Ihrer Kategorien, sodass täglich, wöchentlich oder monatlich eine Anpassung der Reihenfolge von Kategorien in Ihrer Navigation sinnvoll sein könnte.

e. Kombinieren Sie Product Analytics mit qualitativen Daten

Product Analytics ist ein leistungsstarkes Werkzeug, aber es ist nicht das einzige Werkzeug, das Unternehmen zur Verfügung steht, um Erkenntnisse über ihre Nutzer zu gewinnen. Um ein vollständiges Bild der Nutzererfahrung zu erhalten, sollten Unternehmen Product Analytics mit qualitativen Daten wie Nutzerbefragungen oder User Testing kombinieren. Indem Sie qualitativere Daten einbeziehen, können Sie tiefergehende Einblicke gewinnen und die Genauigkeit Ihrer Analysen erhöhen. So können Sie beispielsweise mehr über Gründe für das gezeigte Nutzerverhalten erfahren und Ihre Seitenanpassungen auf Basis von konkreten Nutzerproblemen durchführen, nicht auf Basis von Symptomen, wie beispielsweise Seitenabbrüche, Error Clicks etc.

f. Integrieren Sie Product-Analytics-Daten mit Ihren existierenden Kennzahlensystemen

Zusätzlich zu den oben genannten Best Practices sollten Unternehmen auch sicherstellen, dass sie die richtigen Metriken und KPIs definieren, um ihre Ziele zu messen und zu verfolgen. Eine zuverlässige Methode zur Definition von Metriken und KPIs ist das OKR-Modell (Objectives and Key Results), das von Google entwickelt wurde. Dabei werden Ziele in Objectives (Zielsetzungen) und Key Results (Schlüsselergebnisse) unterteilt, um die Ergebnisse zu messen.

g. Matchen Sie Product Analytics mit Ihren Geschäftsprozessen
Ein weiterer wichtiger Faktor für eine erfolgreiche Nutzung von Product Analytics ist die Integration in die täglichen Geschäftsprozesse. Das bedeutet, dass die Verantwortlichen für die Analyse und die Entscheidungsfindung auf Basis der Ergebnisse in den Arbeitsablauf des Unternehmens integriert werden müssen. Dadurch wird sichergestellt, dass die Analyseergebnisse tatsächlich verwendet werden und in den Entscheidungsprozess einfließen können.

h. Achten Sie auf Datenqualität und Datensicherheit
Darüber hinaus sollten Unternehmen darauf achten, dass die Datenqualität und Datensicherheit gewährleistet sind. Eine schlechte Datenqualität kann zu falschen Schlussfolgerungen und Entscheidungen führen, während ein Datenverlust oder eine Datenpanne schwerwiegende Folgen haben kann. Daher ist es wichtig, dass Unternehmen geeignete Maßnahmen zur Datensicherheit ergreifen, wie zum Beispiel eine sichere Datenübertragung und Datenspeicherung sowie den Zugriff auf Daten nur durch autorisierte Personen.

Insgesamt können Unternehmen von den Vorteilen von Product Analytics nur profitieren, wenn sie die Best Practices einhalten und die Systeme sinnvoll in ihre Geschäftsprozesse integrieren. Es erfordert Zeit, Ressourcen und eine kontinuierliche Anpassung, um die Vorteile von Product Analytics voll auszuschöpfen. Aber wenn Unternehmen diese Investition tätigen, können sie wertvolle Erkenntnisse über ihre Kunden und Produkte gewinnen, fundierte Entscheidungen treffen und letztendlich ihr Geschäft erfolgreicher gestalten.

1.4 Herausforderungen bei der Implementierung von Product-Analytics-Systemen

Die Implementierung eines Product-Analytics-Systems stellt eine große Herausforderung dar, da sich die Anforderungen der Produkt-, Vertriebs- und Marketingabteilungen kontinuierlich ändern und das

Analytics-Team dadurch häufig überfordert wird. Die Analyse-Verantwortlichen müssen sich mit verschiedenen Schwierigkeiten auseinandersetzen, um die Leistung des Teams zu maximieren. Zu den Herausforderungen gehören die ständig wechselnden Ziele der Vertriebs- und Marketingabteilungen, die in der Regel nicht wissen, was sie wollen oder benötigen, und immer alles so schnell wie möglich benötigen. Die Daten leben oft in Silos und müssen integriert werden, um aussagekräftige Einblicke zu erhalten. Die Datenformate sind nicht immer für eine effiziente Erstellung von Analysen optimiert, was zu Fehlern und Schwierigkeiten bei der Berichterstellung führen kann. Fehler in den Daten können den gesamten Prozess beeinträchtigen und die Glaubwürdigkeit der Analyseteams untergraben. Die Wartung des Data Pipelines ist ein kontinuierlicher Prozess, der auch bei der Implementierung von Systemen ständige Anpassungen erfordert. Eine weitere Herausforderung besteht darin, dass es oft schwierig ist, qualifizierte Mitarbeiter mit einer breiten Palette von Fähigkeiten zu finden, um alle erforderlichen Aufgaben auszuführen. Letztendlich kann der Implementierungsprozess deshalb eine lange und schwierige Aufgabe sein, die eine sorgfältige Planung und Koordination erfordert. (DataKitchen, 2018)

Bei der Implementierung eines Product-Analytics-Systems gibt es mehrere technische Herausforderungen, darunter:

1) **Integration von Daten aus verschiedenen Quellen:** Die Daten für Product Analytics können aus verschiedenen Quellen wie Datenbanken, externen APIs, sozialen Medien, mobilen Apps usw. stammen. Daher müssen die Daten aus diesen verschiedenen Quellen integriert werden, um ein vollständiges Bild des Nutzerverhaltens zu erhalten.
2) **Datenqualität und Datenbereinigung:** Die Qualität der Daten ist entscheidend für die Genauigkeit der Analyse. Es ist notwendig, sicherzustellen, dass die Daten frei von Fehlern, Duplikaten oder fehlenden Werten sind. Hierbei ist eine sorgfältige Datenbereinigung erforderlich.

3) **Datenaggregation und Datenvolumen:** Eine große Menge an Daten muss schnell und effektiv verarbeitet werden, um nützliche Erkenntnisse zu gewinnen. Die Daten müssen daher effektiv aggregiert werden, um relevante Informationen zu extrahieren.

4) **Datenvisualisierung und -berichterstellung:** Die Ergebnisse der Analyse müssen verständlich und präsentabel sein, damit sie von den relevanten Stakeholdern leicht verstanden werden können. Die Daten müssen daher in verständliche und aussagekräftige Berichte und Visualisierungen umgewandelt werden.

5) **Datenschutz und -sicherheit:** Product-Analytics-Systeme enthalten in der Regel vertrauliche Informationen über Kunden und Nutzer. Es ist daher notwendig, geeignete Sicherheits- und Datenschutzmaßnahmen zu implementieren, um diese Daten zu schützen.

Diese technischen Herausforderungen können durch eine sorgfältige Planung, den Einsatz geeigneter Tools und Technologien sowie durch ein engagiertes und gut ausgebildete Analyseteam frühzeitig erkannt und gemeistert werden.

Fazit

Product-Analytics-Systeme sind kein komplett neues Prinzip, sondern eher eine kontinuierliche Evolution, die Hand in Hand mit der Entwicklung von Webanalytics-Systemen seit den 1990er Jahren entstanden sind. Heutzutage sind sie wichtiger Bestandteil der Unternehmenskennzahlensysteme und Zielsysteme. Die Implementierung ist herausfordernder als bei klassischen Webanalytics-Systemen, was auch an der hohen Anpassbarkeit liegt. Im Gegenzug liefern sie aber passgenaue Informationen zu Produkt- und Kundeninformationen.

> **Ihr Transfer in die Praxis**
> - Planen Sie die Product-Analytics-Implementierung als längeren Prozess, bei dem Sie sich zuerst über wichtige Unternehmensziele und Kennzahlen Gedanken machen.
> - Versuchen Sie alle relevanten Abteilungen vorab abzuholen und sich auch vorweg zum Thema individuelle Anpassung und Implementierung Gedanken zu machen.
> - Versetzen Sie sich dazu auch in die Perspektive Ihrer Nutzer und verfolgen Sie deren Customer Journey.
> - Machen Sie sich Gedanken zu wichtigen Nutzergruppen und planen Sie die Erstellung von Kohorten bzw. User Segmenten bei der Implementierung.

Literatur

Clark, H. (2023). A guide to product analytics: Benefits, metrics & why it matters. https://theproductmanager.com/topics/product-analytics-guide/. Zugegriffen: 06. Mai 2023.

Contentsquare. (2023). A brief history of web analytics. https://contentsquare.com/blog/a-brief-history-of-web-analytics/. Zugegriffen: 22. Sept. 2023.

Data Kitchen. (2018). Seven challenges of a customer analytics. https://medium.com/data-ops/seven-challenges-of-customer-analytics-5e1675393f23. Zugegriffen: 06. Mai 2023.

Dykes, B. (2019). *Effective data storytelling: How to drive change with data, narrative and visuals* (English Edition). Wiley.

Forrester Research. (2023). The Forrester Wave™: Customer analytics service providers. https://www.forrester.com/report/the-forrester-wave-tm-customer-analytics-service-providers-q2-2023/RES178504. Zugegriffen: 06. Mai 2023

McKinsey & Company. (2019). Analytics comes of age. https://www.mckinsey.com/business-functions/mckinsey-analytics/our-insights/analytics-comes-of-age. Zugegriffen: 06. Mai. 2023.

Mixpanel. (2023).What is product analytics? – Mixpanel. https://mixpanel.com/blog/what-is-product-analytics/#:~:text=All%20product%20analytics%20platforms%20are,data%20through%20dashboards%20and%20reports. Zugegriffen: 06. Mai 2023.

Polaris. (2023). Marktentwicklung der Product-Analytics-Systeme. https://www.polarismarketresearch.com/industry-analysis/product-analytics-market. Zugegriffen: 04. Mai 2023.

2 Product Analytics in der Unternehmenspraxis

> **Was Sie aus diesem Kapitel mitnehmen**
>
> - Welche zehn Gebote gelten, um Ihr Unternehmen daten-getriebener zu bekommen.
> - Wo Daten im Unternehmen eingesetzt werden können.
> - Welche Rolle Frameworks bei der Implementierung der richtigen Datenstrategie im Unternehmen spielen.
> - Welche Quellen und Schulungsmöglichkeiten es gibt, um Ihre Mitarbeiter und sich selbst fit und up-to-date im Bereich Product Analytics zu bekommen.

2.1 Wie Sie Ihr Unternehmen daten-getriebener bekommen

Die Nutzung von Daten und Technologie ist zu einem wesentlichen Bestandteil des modernen Geschäfts geworden. Unternehmen sammeln Daten in großen Mengen und setzen auf analytische Talente und Technologien, um diese Daten zu nutzen, um ihre Geschäftsprozesse zu optimieren, Kunden besser zufriedenzustellen und ihre Strategien zu klären. Doch trotz all dieser Bemühungen bleibt eine starke datengesteuerte Kultur für viele Unternehmen schwer zu erreichen, und Daten sind selten die universelle Grundlage für Entscheidungen. Forscher haben herausgefunden, dass die größten Hindernisse für die Schaffung von datengesteuerten Unternehmen nicht technischer Natur sind, sondern kultureller. Um eine datengesteuerte Kultur zu schaffen und aufrechtzuerhalten, haben sie zehn Gebote aufgestellt, die ich Ihnen in diesem Kapitel nicht vorenthalten möchte. (vgl. Waller, 2020)

Das *erste Gebot* besagt, dass eine datengesteuerte Kultur an der Spitze des Unternehmens beginnen muss. Dies bedeutet, dass Führungskräfte die Bedeutung von Daten und Technologie erkennen müssen und diese in ihre Entscheidungsprozesse integrieren müssen. Führungskräfte müssen die Verwendung von Daten unterstützen und sicherstellen, dass sie in den Unternehmenszielen und -strategien verankert sind.

Das *zweite Gebot* besagt, dass Unternehmen Metriken sorgfältig und klug auswählen sollten. Unternehmen müssen sicherstellen, dass sie die richtigen Metriken verwenden, um ihre Geschäftsprozesse und Strategien zu messen und zu optimieren. Es ist wichtig, die Auswirkungen der Metriken auf das Unternehmen zu verstehen und sicherzustellen, dass sie relevant und aussagekräftig sind.

Das *dritte Gebot* besagt, dass Datenwissenschaftler nicht in einem Unternehmen isoliert sein sollten, sondern eine enge Verbindung mit der Geschäftsführung haben sollten. Datenwissenschaftler müssen in der Lage sein, ihre Arbeitsergebnisse in eine Sprache zu übersetzen, die von Führungskräften und anderen Entscheidungsträgern verstanden wird. Eine enge Zusammenarbeit zwischen Datenwissenschaftlern und Führungskräften kann dazu beitragen, sicherzustellen, dass die Ergebnisse der Datenanalysen in Entscheidungen einfließen.

Das *vierte Gebot* besagt, dass Unternehmen grundlegende Probleme beim Zugriff auf Daten schnell lösen sollten. Es ist wichtig, sicherzustellen, dass Daten leicht zugänglich und verfügbar sind und dass alle relevanten Abteilungen und Mitarbeiter Zugriff auf diese Daten haben. Unternehmen sollten auch sicherstellen, dass die Daten aktuell und genau sind.

Das *fünfte Gebot* besagt, dass Unternehmen Unsicherheit quantifizieren sollten, um zu besseren Entscheidungen zu führen. Eine datengesteuerte Kultur erfordert, dass Unternehmen Unsicherheiten erkennen und messen, um fundierte Entscheidungen treffen zu können. Durch die Quantifizierung von Unsicherheit können Unternehmen Entscheidungen auf der Grundlage von Daten und Fakten treffen, anstatt auf Vermutungen oder ihrem Bauchgefühl.

Das *sechste Gebot* besagt, dass Unternehmen sicherstellen sollten, dass die Mitarbeiter über die erforderlichen Fähigkeiten verfügen, um Daten zu nutzen und zu interpretieren. Eine datengesteuerte Kultur erfordert, dass alle Mitarbeiter über die notwendigen Fähigkeiten verfügen und entsprechend auszuwählen sind. Gute Talente zu identifizieren und langfristig an das Unternehmen zu binden ist dabei ein Kernprozess.

Das *siebte Gebot* fordert kontinuierliche Verbesserungsprozesse. Eine starke datengesteuerte Kultur erfordert eine kontinuierliche Schulung der Mitarbeiter, um sicherzustellen, dass sie in der Lage sind, Daten richtig zu interpretieren und zu nutzen. Unternehmen sollten sicherstellen, dass ihre Mitarbeiter über die Fähigkeiten verfügen, um Datenanalyse-Tools und -Technologien effektiv zu nutzen. Schulungen und Schulungen können dazu beitragen, das Verständnis von Daten innerhalb des Unternehmens zu verbessern und eine Kultur zu fördern, die die Bedeutung von Daten in allen Aspekten des Geschäfts betont.

Das *achte Gebot* besagt, dass eine datengesteuerte Kultur Transparenz und Offenheit erfordert, wenn es um Daten geht. Unternehmen sollten offen darüber sein, wie sie Daten sammeln und nutzen, sowie darüber, welche Daten sie speichern und wie sie gespeichert werden. Mitarbeiter sollten in der Lage sein, auf Daten zuzugreifen und diese zu verstehen, um fundierte Entscheidungen treffen zu können.

Das *neunte Gebot* fordert das Experimentieren und Scheitern zu erlauben. Eine datengesteuerte Kultur erfordert Experimente und das Erlauben von Fehlern. Unternehmen sollten Mitarbeiter ermutigen, neue Ansätze zur Datennutzung auszuprobieren und zu experimentieren, um neue Erkenntnisse zu gewinnen. Fehler sollten als Chance zur Verbesserung angesehen werden, anstatt als Hindernis. Eine Kultur, die Fehler toleriert und Experimente ermutigt, kann zu innovativen Lösungen führen, die das Unternehmen voranbringen.

Das *zehnte und letzte Gebot* fordert regelmäßige Überprüfung und Anpassung. Eine datengesteuerte Kultur erfordert eine regelmäßige

Überprüfung und Anpassung, um sicherzustellen, dass sie auf dem neuesten Stand bleibt. Unternehmen sollten ihre Datenstrategie und -kultur regelmäßig überprüfen und anpassen, um sicherzustellen, dass sie den aktuellen Geschäftsanforderungen entspricht. Es ist wichtig, Feedback von Mitarbeitern und Kunden einzuholen, um sicherzustellen, dass die Datenstrategie des Unternehmens den Bedürfnissen aller Beteiligten entspricht.

2.2 Einsatzgebiete von Product Analytics im Unternehmen

Product-Analytics-Systeme sind streng genommen eine spezielle Art von Webanalyse-Tools, die sich auf die Analyse von Produkten und deren Nutzung durch Benutzer konzentrieren. Im Gegensatz zu allgemeineren Webanalyse-Tools fokussieren Sie aber sehr stark darauf die Webseite, den Shop etc. als eigenständiges Produkt zu betrachten, dass es zu verbessern gilt. Es ist wichtig, dieses Verständnis im Unternehmen zu etablieren, um diese Tools sinnvoll einzusetzen.

Product Analytics ist ein wichtiger Bestandteil von Unternehmen, die datengesteuerte Entscheidungen treffen möchten. Es geht darum, mithilfe von Daten die Leistung von Produkten zu verstehen und zu optimieren. Dies umfasst eine Vielzahl von Einsatzgebieten, von der Verbesserung der Benutzererfahrung bis hin zur Erhöhung der Kundenbindung und der Maximierung des Umsatzes. In diesem Abschnitt werden wir einige der wichtigsten Einsatzgebiete von Product Analytics in Unternehmen genauer betrachten.

Verbesserung der Benutzererfahrung
Die Verbesserung der Benutzererfahrung ist ein wichtiger Aspekt von Product Analytics. Es geht darum, die Bedürfnisse der Benutzer zu verstehen und ihnen eine nahtlose Erfahrung zu bieten. Hier können Daten dabei helfen, die Bedürfnisse der Benutzer zu verstehen, indem sie deren Verhaltensmuster analysieren und Feedback von Benutzern sammeln. Mit diesen Daten können Unternehmen ihre Produkte

verbessern, um sicherzustellen, dass sie den Anforderungen der Benutzer entsprechen.

Optimierung von Produkten
Ein weiterer wichtiger Einsatzbereich von Product Analytics ist die Optimierung von Produkten. Hier geht es darum, die Leistung von Produkten zu verstehen und zu verbessern. Dies umfasst die Analyse von Daten wie der Benutzeraktivität, der Produktleistung und der Kundenbewertungen. Mit diesen Daten können Unternehmen die Funktionen ihrer Produkte verbessern, um sicherzustellen, dass sie den Anforderungen der Kunden entsprechen.

Steigerung der Kundenbindung
Die Steigerung der Kundenbindung ist ein wichtiger Aspekt von Product Analytics. Hier geht es darum, die Bedürfnisse der Kunden zu verstehen und sicherzustellen, dass sie mit den Produkten und Dienstleistungen des Unternehmens zufrieden sind. Dies umfasst die Analyse von Daten wie der Kundenaktivität, den Kaufgewohnheiten und den Kundenbewertungen. Mit diesen Daten können Unternehmen Maßnahmen ergreifen, um die Kundenzufriedenheit zu erhöhen und die Kundenbindung zu stärken.

Maximierung des Umsatzes
Die Maximierung des Umsatzes ist ein weiterer wichtiger Aspekt von Product Analytics. Hier geht es darum, die Daten zu nutzen, um die Produkte und Dienstleistungen des Unternehmens zu optimieren und so den Umsatz zu steigern. Dies umfasst die Analyse von Daten wie dem Verkaufsvolumen, den Umsätzen und den Kundenbewertungen. Mit diesen Daten können Unternehmen Maßnahmen ergreifen, um den Umsatz zu steigern, wie beispielsweise die Einführung von neuen Produkten oder die Optimierung der Preisgestaltung.

Identifikation von Marktchancen
Ein weiterer wichtiger Einsatzbereich von Product Analytics ist die Identifikation von Marktchancen. Hier geht es darum, die Daten zu nutzen, um neue Geschäftsmöglichkeiten und Nischenmärkte zu

identifizieren. Dies umfasst die Analyse von Daten wie der Kundenaktivität, den Kaufgewohnheiten und den Trends auf dem Markt. Mit diesen Daten können Unternehmen neue Produkte und Dienstleistungen einführen, um neue Marktchancen zu nutzen und ihre Wettbewerbsposition zu stärken. Tools wie Google Analytics, die eine Vielzahl von Informationen über eine Website sammeln, konzentrieren sich Product-Analytics-Systeme auf die Leistung von Produkten, einschließlich der Produktfunktionen, Benutzerinteraktionen und anderer relevanten Messgrößen.

2.3 Interdisziplinäres Arbeiten mit Daten

Product-Analytics-Daten sind für Unternehmen von unschätzbarem Wert, da sie wichtige Erkenntnisse liefern können, um Produkte und Dienstleistungen zu verbessern und das Kundenerlebnis zu optimieren. Eine Herausforderung bei der Nutzung dieser Daten besteht jedoch darin, dass sie oft in verschiedenen Abteilungen des Unternehmens gesammelt werden, was zu Wissens-Silos führen kann. Es ist jedoch möglich, diese Daten übergreifend zwischen den Abteilungen im Konzern einzusetzen, um die Wertschöpfung des Unternehmens zu maximieren. In diesem Abschnitt werde ich einige Beispiele für die Nutzung von Product-Analytics-Daten in verschiedenen Abteilungen eines Unternehmens erläutern.

Marketing-Abteilung
Die Marketing-Abteilung ist für die Bewerbung und auch die Positionierung von Produkten und Dienstleistungen verantwortlich. Indem sie die Product-Analytics-Daten nutzt, kann sie das Verhalten der Kunden besser verstehen und ihre Marketingkampagnen entsprechend anpassen. Zum Beispiel kann die Marketing-Abteilung mithilfe von Product-Analytics-Daten feststellen, welche Produktmerkmale für Kunden am wichtigsten sind, und diese Informationen verwenden, um ihre Werbebotschaften zu gestalten. Darüber hinaus kann sie die Daten nutzen, um gezieltere Kampagnen für bestimmte Zielgruppen zu erstellen und so ihre Marketingausgaben effektiver zu gestalten.

Produktentwicklungs-Abteilung

Die Produktentwicklungs-Abteilung ist für die Schaffung neuer Produkte und die kontinuierliche Verbesserung bestehender Produkte verantwortlich. Mithilfe von Product-Analytics-Daten kann sie Feedback von Kunden sammeln, um zu verstehen, was funktioniert und was nicht. Diese Informationen können dann genutzt werden, um neue Produkte zu entwickeln oder bestehende Produkte zu optimieren. Zum Beispiel könnte die Abteilung mithilfe von Produktanalysen feststellen, dass eine bestimmte Funktion von Kunden nicht genutzt wird und daher aus dem Produkt entfernt werden sollte. Oder sie könnte feststellen, dass eine bestimmte Funktion besonders beliebt ist und daher in zukünftigen Produkten verstärkt werden sollte.

Vertriebs-Abteilung

Die Vertriebs-Abteilung ist für den Verkauf von Produkten und Dienstleistungen verantwortlich. Indem sie die Product-Analytics-Daten nutzt, kann sie ihre Verkaufsstrategien anpassen und ihre Verkaufsteams schulen. Zum Beispiel kann die Abteilung mithilfe von Produktanalysen feststellen, welche Produkte am meisten verkauft werden und welche nicht, und diese Informationen nutzen, um ihre Verkaufsstrategien anzupassen. Darüber hinaus kann sie die Daten nutzen, um die Verkaufsteams zu schulen und ihnen das nötige Wissen zu vermitteln, um die Produkte erfolgreich zu verkaufen.

Kunden-Support-Abteilung

Die Kunden-Support-Abteilung ist für die Unterstützung der Kunden bei Fragen und Problemen verantwortlich. Indem sie die Product-Analytics-Daten nutzt, kann sie die Bedürfnisse der Kunden besser verstehen und entsprechende Unterstützung anbieten. Zum Beispiel kann die Abteilung mithilfe von Produktanalysen feststellen, welche Probleme Kunden am häufigsten haben und welche Funktionen sie am meisten nutzen. Diese Informationen können dann genutzt werden, um Schulungen für den Kundensupport durchzuführen und diese Fragen zum Beispiel in die FAQ-Sektion der Webseite oder in den Gesprächsleitfaden des Kundensupports zu integrieren.

Beispiele für Einsatz von Product-Analytics-Daten im Unternehmen
Eine weitere Möglichkeit, wie Product-Analytics-Daten übergreifend zwischen den Abteilungen im Konzern eingesetzt werden können, besteht darin, sie als Grundlage für Prozessverbesserungen zu nutzen. Durch die Analyse von Daten können Unternehmen feststellen, wo es Engpässe in den Arbeitsabläufen gibt und welche Schritte verbessert werden können, um die Effizienz und Qualität zu erhöhen.

Zum Beispiel können Daten zeigen, dass es in der Produktentwicklungsabteilung zu langen Verzögerungen kommt, wenn ein bestimmtes Teammitglied aufgrund von Urlaub oder Krankheit abwesend ist. Durch die Identifizierung dieses Engpasses kann das Unternehmen eine Strategie entwickeln, um sicherzustellen, dass andere Teammitglieder in der Lage sind, die Arbeit des fehlenden Mitarbeiters zu übernehmen und somit die Verzögerungen zu minimieren.

Ein weiteres Beispiel betrifft die Lieferkette eines Unternehmens. Durch die Analyse von Daten kann das Unternehmen erkennen, dass es bei einem bestimmten Lieferanten immer wieder zu Verzögerungen kommt, die den Produktionsprozess beeinträchtigen. Wenn das Unternehmen diese Daten nutzt, um seine Prozesse zu verbessern, kann es alternative Lieferanten finden oder seine Bestellungen besser planen, um sicherzustellen, dass es keine Engpässe gibt, die die Lieferzeit beeinflussen.

Product-Analytics-Daten können auch genutzt werden, um die Zusammenarbeit zwischen verschiedenen Abteilungen im Unternehmen zu verbessern. Oftmals arbeiten Abteilungen getrennt voneinander, was dazu führen kann, dass wichtige Informationen verloren gehen oder nicht richtig genutzt werden. Durch die Verwendung von Product-Analytics-Daten als gemeinsame Informationsquelle können Abteilungen effektiver zusammenarbeiten und sich auf gemeinsame Ziele konzentrieren.

Zum Beispiel können Marketing- und Produktteams zusammenarbeiten, um ein besseres Verständnis dafür zu entwickeln, wie Kunden ihre Produkte nutzen und welche Verbesserungen vorgenommen werden können. Durch den Austausch von Informationen und die gemeinsame Nutzung von Daten können diese Abteilungen effektiver zusammenarbeiten und die Effizienz des Unternehmens verbessern.

Ein weiteres Beispiel betrifft die Zusammenarbeit zwischen den Vertriebs- und Support-Abteilungen. Wenn die Vertriebsabteilung Informationen über Kundenanfragen oder Beschwerden an die Support-Abteilung weiterleitet, können beide Abteilungen zusammenarbeiten, um Probleme zu lösen und Kunden zufrieden zu stellen. Durch den Einsatz von Product-Analytics-Daten als gemeinsame Informationsquelle können diese Abteilungen schneller und effektiver zusammenarbeiten und Probleme lösen, bevor sie zu größeren Problemen werden.

Zusammenfassend lässt sich sagen, dass die Verwendung von Product-Analytics-Daten als Grundlage für datengesteuerte Entscheidungen ein wichtiger Bestandteil für den Erfolg eines Unternehmens ist. Durch den Einsatz von Product-Analytics-Daten können Unternehmen ihre Produkte verbessern, ihre Prozesse optimieren und ihre Zusammenarbeit verbessern. Wenn Unternehmen Product-Analytics-Daten übergreifend zwischen den Abteilungen einsetzen, können sie effektiver zusammenarbeiten und ihr Geschäftspotenzial maximieren.

2.4 Organisation und Governance von Product Analytics

Organisation und Governance von Product Analytics beziehen sich auf die Organisation und Verwaltung von Daten, Analysewerkzeugen und Prozessen, um sicherzustellen, dass das Unternehmen eine konsistente und zuverlässige Datenquelle hat, auf die es sich verlassen kann, um Entscheidungen zu treffen. Es geht darum, sicherzustellen, dass die Daten korrekt und vertrauenswürdig sind, dass die Tools zur Analyse der Daten effektiv eingesetzt werden und dass die Prozesse, die die Daten liefern, in einer Weise organisiert sind, die die Bedürfnisse des Unternehmens erfüllt.

Die Organisation von Product Analytics ist der erste Schritt, um sicherzustellen, dass das Unternehmen eine konsistente und zuverlässige Datenquelle hat. Die Organisation beinhaltet die Identifizierung der Datenquellen, die das Unternehmen benötigt, um seine Ziele zu erreichen, sowie die Sicherstellung, dass diese Datenquellen korrekt und vertrauenswürdig sind.

Ein wichtiger Aspekt der Organisation von Product Analytics ist die Identifizierung der Stakeholder. Es ist wichtig zu verstehen, wer die Daten benötigt und wie sie verwendet werden. Dies hilft bei der Festlegung der Datenquellen, der Analysemethoden und der Berichterstellung.

Darüber hinaus sollte man bei Product Analytics die Einrichtung eines Data Warehouse in Betracht ziehen. Ein Data Warehouse ist ein zentraler Speicherort für Daten, der für die Analyse verwendet wird. Ein gut gestaltetes Data Warehouse ermöglicht es dem Unternehmen, Daten aus verschiedenen Quellen zusammenzuführen und sie für die Analyse zur Verfügung zu stellen.

Die Governance von Product Analytics bezieht sich auf die Verwaltung der Daten, Analysewerkzeuge und Prozesse, um sicherzustellen, dass sie effektiv und effizient genutzt werden. Die Governance ist wichtig, um sicherzustellen, dass die Daten korrekt und vertrauenswürdig sind, dass die Tools zur Analyse der Daten effektiv eingesetzt werden und dass die Prozesse, die die Daten liefern, in einer Weise organisiert sind, die die Bedürfnisse des Unternehmens erfüllt.

Der Kern der Governance von Product Analytics ist die Sicherstellung der Datenqualität. Daten müssen korrekt, konsistent und vertrauenswürdig sein, um effektiv genutzt werden zu können. Dies erfordert die Implementierung von Prozessen zur Dateneingabe und -validierung sowie die Überwachung der Datenqualität.

Ein weiterer wichtiger Aspekt der Governance von Product Analytics ist die Sicherstellung der Sicherheit der Daten. Daten sind ein kritischer Vermögenswert für jedes Unternehmen, und es ist wichtig, sicherzustellen, dass sie vor unbefugtem Zugriff und Missbrauch geschützt werden.

Datenkontrollen bieten darüber hinaus ein wichtiges Element der Implementierung von Product Analytics. Hierbei geht es darum, sicherzustellen, dass Daten in Übereinstimmung mit den geltenden Gesetzen und Bestimmungen gesammelt, gespeichert und verwendet werden. Dazu gehört auch die Einhaltung von Datenschutzrichtlinien wie der DSGVO (Datenschutz-Grundverordnung) und anderen relevanten Vorschriften. Die Datenkontrollen sollten sicherstellen, dass die Datensicherheit gewährleistet ist und dass nur autorisierte Personen Zugriff auf die Daten haben. Zudem sollten die Daten nach Bedarf anonymisiert werden, um die Privatsphäre der Nutzer zu schützen.

Eine weitere Komponente der Organisation und Governance von Product Analytics ist die Entwicklung und Pflege von Datenqualitätsstandards. Unternehmen müssen sicherstellen, dass die von ihnen gesammelten Daten genau, vollständig und aktuell sind. Wenn Daten von schlechter Qualität sind, können falsche Entscheidungen getroffen werden, was zu Problemen wie einem schlechten Kundenerlebnis oder geringeren Umsätzen führen kann. Daher sollten Unternehmen sicherstellen, dass sie Prozesse haben, um Datenqualitätsprobleme zu identifizieren und zu beheben.

Neben den oben genannten Aspekten sollten Unternehmen auch eine klare Verantwortlichkeit und Transparenz in Bezug auf ihre Product-Analytics-Praktiken schaffen. Es sollte klar sein, wer für die Datenverwaltung verantwortlich ist und wer auf die Daten zugreifen darf. Darüber hinaus sollten Unternehmen sicherstellen, dass sie transparent über ihre Datenpraktiken sind und dass sie Kunden und anderen Interessengruppen erklären können, wie sie ihre Daten sammeln, speichern und verwenden.

Ein weiterer Aspekt der Organisation und Governance von Product Analytics ist die Einrichtung eines Change-Managements. Wie bei allen Änderungen in einem Unternehmen sollten Änderungen an der Product Analytics-Praxis sorgfältig geplant und implementiert werden. Unternehmen sollten sicherstellen, dass alle Beteiligten über Änderungen informiert werden und dass ausreichend Zeit für Schulungen und andere Vorbereitungsmaßnahmen eingeplant wird. Dies ist besonders wichtig, wenn neue Technologien oder Datenquellen eingeführt werden, da diese Änderungen Auswirkungen auf viele Abteilungen haben können.

Schließlich sollten Unternehmen sicherstellen, dass sie ein robustes Monitoring- und Reporting-System haben, um sicherzustellen, dass ihre Product Analytics-Praktiken effektiv sind. Unternehmen sollten KPIs (Key Performance Indicators) festlegen, um die Leistung ihrer Product-Analytics-Programme zu messen, und regelmäßig Berichte über die Leistung dieser Programme erstellen. Durch die Überwachung ihrer Product Analytics-Praktiken können Unternehmen sicherstellen, dass ihre Programme immer auf dem neuesten Stand sind und dass sie kontinuierlich verbessert werden.

Insgesamt ist die Organisation und Governance von Product Analytics für Unternehmen von entscheidender Bedeutung, um sicherzustellen, dass sie fundierte Entscheidungen treffen und ihre Kunden effektiv bedienen können. Die Implementierung eines robusten Governance-Frameworks kann Unternehmen dabei helfen, sicherzustellen, dass sie die Datenqualität gewährleisten, die Einhaltung von Datenschutzrichtlinien sicherstellen und eine klare Verantwortlichkeit.

2.5 Die Arbeit mit Measurement Frameworks

Measurement Frameworks sind Werkzeuge, die von Unternehmen verwendet werden, um den Erfolg ihrer Produkte oder Dienstleistungen zu messen. Diese Frameworks dienen als Leitfaden, um sicherzustellen, dass alle wichtigen Aspekte des Produkterfolgs gemessen und analysiert werden. Das Pirate Framework ist eines der bekanntesten und am häufigsten verwendeten Measurement Frameworks, aber es gibt auch andere Frameworks, die von Unternehmen auf der ganzen Welt eingesetzt werden.

2.5.1 Pirate Framework

Das Pirate Framework ist ein bekanntes und sehr beliebtes Framework zur Messung der Performance von Produkten und Dienstleistungen, insbesondere im Bereich des E-Commerce und der Start-ups. Es wird auch als AARRR-Framework bezeichnet, da es aus fünf Schlüsselbereichen besteht: Acquisition, Activation, Retention, Revenue und Referral. (Van Gasteren, 2023)

- Die **Akquisition** (Acquisition) bezieht sich auf den ersten Kontakt mit potenziellen Kunden. Hierbei geht es um die Messung von Zugriffen auf eine Webseite, Downloads einer App oder das Öffnen von E-Mails. Die Akquisition ist der erste Schritt im Kundenlebenszyklus und bildet die Basis für die Erfolgsmessung des Produkts.
- Die **Aktivierung** (Activation) konzentriert sich auf die Konvertierung von Interessenten in aktive Nutzer. Hierbei wird gemessen, wie viele Nutzer tatsächlich ein Konto erstellen, sich anmelden oder eine Transaktion tätigen. Dieser Bereich ist besonders wichtig für die Messung der Benutzerfreundlichkeit und der Kundenerfahrung.

- Die **Bindung** (Retention) ist ein wichtiger Indikator für die langfristige Performance eines Produkts. Hierbei geht es darum, wie viele Nutzer nach der Registrierung oder dem ersten Kauf tatsächlich dauerhaft aktiv bleiben. Es ist entscheidend, die Treue der Kunden zu messen und zu verbessern, um das Wachstum des Produkts zu unterstützen.
- Der **Umsatz** (Revenue) ist ein klar messbares Ziel für jedes Unternehmen. Hierbei geht es darum, wie viel Umsatz das Produkt generiert. Dieser Bereich ist insbesondere für E-Commerce-Unternehmen von entscheidender Bedeutung. Das Ziel ist es, die Einnahmen zu maximieren und gleichzeitig die Kosten zu minimieren.
- Die **Weiterempfehlung** (Referral) ist eine wichtige Ergänzung zum Pirate Framework, da sie auf die positiven Auswirkungen von Empfehlungen und Mundpropaganda abzielt. Hierbei geht es um die Messung, wie viele Nutzer das Produkt an Freunde oder Kollegen weiterempfehlen und welche Auswirkungen diese Empfehlungen auf das Wachstum des Produkts haben.

Das Pirate Framework bietet ein einfaches und klar strukturiertes Modell zur Messung der Performance von Produkten und Dienstleistungen (siehe Abb. 2.1). Es ist besonders relevant für E-Commerce-Unternehmen und Start-ups, die schnell wachsen und ihren Kundenstamm ausbauen wollen. Es gibt jedoch auch Kritiker des Frameworks, die argumentieren, dass es zu stark vereinfacht und nicht ausreichend auf individuelle Kundenbedürfnisse eingeht. (Van Gasteren, 2023)

2.5.2 HEART-Framework

Das HEART-Framework (siehe Abb. 2.2) ist eine Methode zur Messung der Nutzererfahrung (User Experience) auf einer Website, einer App oder einem anderen digitalen Produkt. Es wurde von Google entwickelt und steht für Happiness, Engagement, Adoption, Retention und Task Success. Das Framework ist darauf ausgelegt, quantitative Daten über die Benutzererfahrung zu sammeln, die dazu beitragen können,

A
Awareness
A
Acquisition
A
Activation
R
Retention
R
Revenue
R
Referral
Marketeer
Growth Hacker

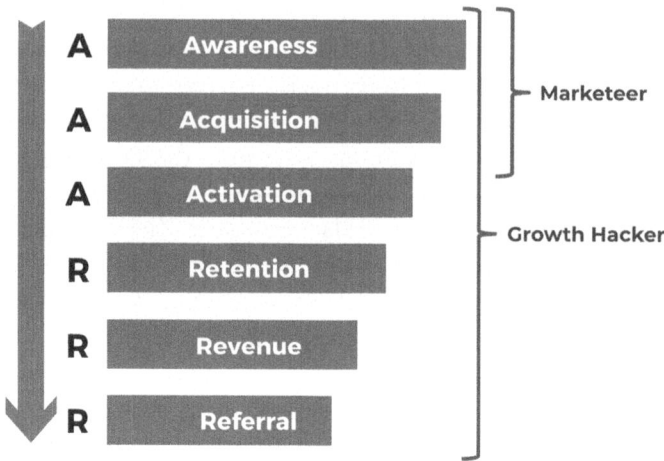

Abb. 2.1 Pirate Framework. (Quelle: Van Gasteren, 2023)

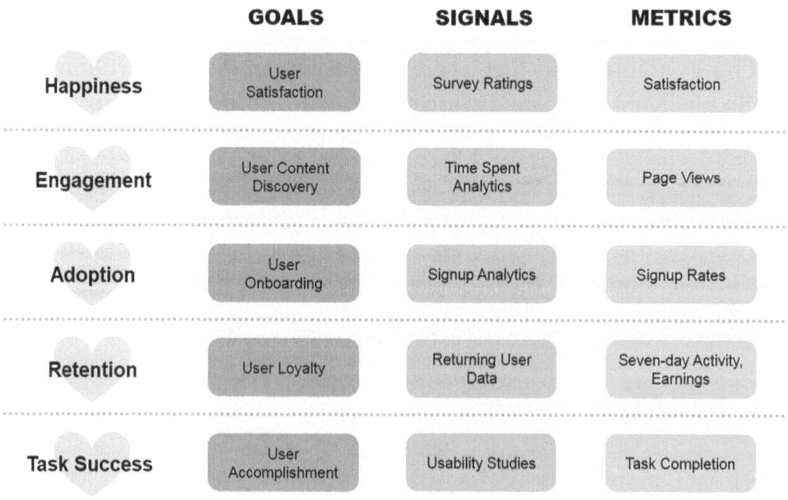

GOALS
SIGNALS
METRICS
Happiness
User Satisfaction
Survey Ratings
Satisfaction
Engagement
User Content Discovery
Time Spent Analytics
Page Views
Adoption
User Onboarding
Signup Analytics
Signup Rates
Retention
User Loyalty
Returning User Data
Seven-day Activity, Earnings
Task Success
User Accomplishment
Usability Studies
Task Completion

Abb. 2.2 HEART- Framework. (Quelle: Sauro, 2019)

Probleme zu identifizieren, Schwachstellen zu erkennen und Verbesserungen vorzunehmen: (Sauro, 2019)

- **Happiness** (Glück): Das erste Element des HEART-Frameworks bezieht sich auf die Zufriedenheit der Nutzer mit dem Produkt. Dazu können verschiedene Kriterien herangezogen werden, z. B. die allgemeine Zufriedenheit, die wahrgenommene Qualität des Produkts oder die Bereitschaft, es weiterzuempfehlen.
- **Engagement** (Engagement): Dieses Element beschreibt, wie stark Nutzer in das Produkt involviert sind und wie häufig sie es nutzen. Hierzu können verschiedene Metriken wie z. B. die Anzahl der Seitenaufrufe, die Verweildauer auf der Website oder die Anzahl der Interaktionen mit dem Produkt herangezogen werden.
- **Adoption** (Adoption): Dieses Element beschreibt, wie schnell Nutzer das Produkt annehmen und wie viele neue Nutzer es gibt. Hierzu können verschiedene Metriken wie z. B. die Anzahl der Downloads, die Anzahl der Neuregistrierungen oder die Anzahl der Erstnutzer herangezogen werden.
- **Retention** (Retention): Dieses Element beschreibt, wie gut das Produkt Nutzer bindet und wie oft es wieder verwendet wird. Hierzu können verschiedene Metriken wie z. B. die Anzahl der wiederkehrenden Nutzer, die Dauer zwischen zwei Besuchen oder die Häufigkeit von Rückmeldungen und Bewertungen herangezogen werden.
- **Task Success** (Aufgaben-Erfolg): Dieses Element beschreibt, wie gut Nutzer die von ihnen gesuchten Aufgaben auf dem Produkt erledigen können. Hierzu können verschiedene Metriken wie z. B. die Anzahl der abgeschlossenen Transaktionen, die Zeit bis zur Aufgabenlösung oder die Anzahl der Fehlermeldungen herangezogen werden.

Das HEART-Framework bietet Unternehmen eine praktische Möglichkeit, die Nutzererfahrung von digitalen Produkten zu messen und zu verbessern. Es ist einfach anzuwenden und kann auf eine Vielzahl von Produkten und Dienstleistungen angewendet werden. Durch die systematische Erfassung von Daten zu den Elementen des Frameworks können Unternehmen schnell Probleme und Schwachstellen identifizieren und effektive Lösungen entwickeln.

Zusätzlich zum HEART-Framework hat Google auch das SCOPE-Framework entwickelt, das für Subjective, Comprehensive, Objective, Proactive und Effective steht. Dieses Framework legt den Schwerpunkt auf die Identifizierung von Problemen im Zusammenhang mit der Benutzererfahrung, die nicht direkt mit dem Produkt oder der Technologie zusammenhängen, sondern eher auf subjektive Faktoren wie z. B. das Umfeld, die Kultur oder das soziale Umfeld zurückzuführen sind. SCOPE ist ein erweitertes Framework, das über das HEART-Framework hinausgeht und Unternehmen dabei unterstützt, die Nutzererfahrung auf eine umfassendere Art und Weise zu bewerten und zu verbessern.

2.5.3 RICE-Framework

Das RICE-Framework ist ein weit verbreitetes Modell zur Priorisierung von Produktfunktionen oder Projekten. Es ist eine Methode, die von Produktmanagern und Teams verwendet wird, um Entscheidungen zu treffen, welche Features entwickelt werden sollten, um das größte Ausmaß an Auswirkungen zu erzielen. Es wurde von Sean Ellis, dem Gründer von GrowthHackers, entwickelt und ist seitdem zu einem wichtigen Werkzeug für Produktteams geworden. (Singh, 2020)

Das RICE-Framework (siehe Abb. 2.3) basiert auf vier Variablen, die zusammen eine Punktzahl ergeben, die dann als Entscheidungshilfe verwendet wird. Diese Variablen sind Reichweite (Reach), Auswirkungen (Impact), Vertrauen (Confidence) und Aufwand (Effort). Jede Variable wird mit einem Faktor multipliziert, um eine Gesamtpunktzahl zu erzielen.

- Die **Reichweite** (Reach) beschreibt die Anzahl der Benutzer, die von dem Feature oder Projekt betroffen sind. Eine hohe Reichweite bedeutet, dass viele Benutzer davon betroffen sind, während eine geringe Reichweite bedeutet, dass nur wenige Benutzer betroffen

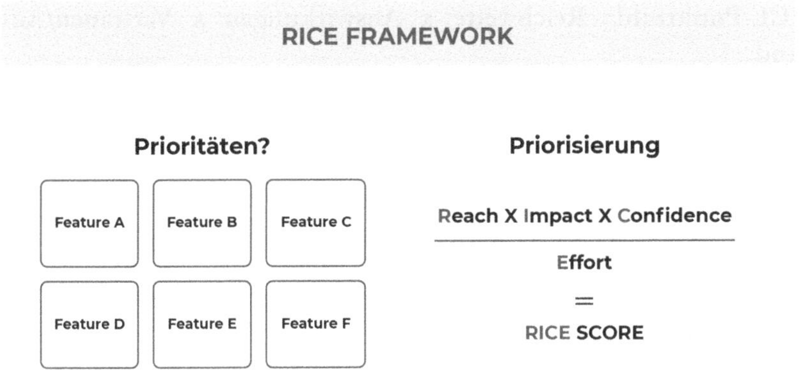

RICE FRAMEWORK

Prioritäten? — Priorisierung

Feature A, Feature B, Feature C, Feature D, Feature E, Feature F

$$\frac{\text{Reach} \times \text{Impact} \times \text{Confidence}}{\text{Effort}} = \text{RICE SCORE}$$

Abb. 2.3 RICE- Framework. (Quelle: Singh, 2020)

sind. Reichweite wird normalerweise auf einer Skala von 1 bis 10 bewertet.
- Die **Auswirkungen** (Impact) beschreiben die Wichtigkeit des Features oder Projekts. Eine hohe Auswirkung bedeutet, dass es einen großen Einfluss auf das Geschäft hat, während eine geringe Auswirkung bedeutet, dass der Einfluss gering ist. Auswirkungen werden normalerweise auf einer Skala von 1 bis 10 bewertet.
- Das **Vertrauen** (Confidence) beschreibt das Vertrauen des Teams in die Bewertung der Reichweite und der Auswirkungen. Eine hohe Zuversicht bedeutet, dass das Team sehr sicher ist, dass die Bewertungen korrekt sind, während eine geringe Zuversicht bedeutet, dass das Team nicht sicher ist. Vertrauen wird normalerweise auf einer Skala von 1 bis 10 bewertet.
- Der **Aufwand** (Effort) beschreibt die Schwierigkeit und den Zeitaufwand, um das Feature oder Projekt zu entwickeln. Eine hohe Anstrengung bedeutet, dass es schwierig und zeitaufwendig ist, während eine geringe Anstrengung bedeutet, dass es einfach und schnell zu entwickeln ist. Der Aufwand wird normalerweise auf einer Skala von 1 bis 10 bewertet.

Die Gesamtpunktzahl wird berechnet, indem die Reichweite, Auswirkungen und das Vertrauen miteinander multipliziert und durch den Aufwand dividiert werden. Die Formel lautet:

RICE-Punktzahl = Reichweite x Auswirkungen x Vertrauen/Aufwand

Je höher die RICE-Punktzahl ist, desto höher ist die Priorität des Features oder Projekts. Das RICE-Framework ist eine einfache Methode zur Priorisierung von Produktfunktionen oder Projekten, die leicht zu verstehen und anzuwenden ist. Es ermöglicht Produktteams, objektive Entscheidungen zu treffen und sicherzustellen, dass sie ihre begrenzten Ressourcen auf die Funktionen konzentrieren, die den größten Einfluss auf das Geschäft haben. (Singh, 2020)

2.5.4 RUM-Framework

Das RUM-Framework ist ein weiteres Framework, das in der Welt der Product Analytics häufig verwendet wird. Es steht für Reach, Usage, Monetization und hat Ähnlichkeiten mit dem AARRR-Modell, aber es konzentriert sich mehr auf die Kundeninteraktion mit einem Produkt oder einer Dienstleistung als auf die Messung des Geschäftserfolgs. Im Folgenden wird das RUM-Framework näher erläutert.

- **Reach**: Die Reichweite beschreibt die Größe der Zielgruppe, die das Produkt oder die Dienstleistung potenziell erreichen kann. Dabei geht es nicht nur um die Gesamtzahl der Nutzer, sondern auch um die geografische Verteilung, das Alter und andere demografische Daten, um sicherzustellen, dass das Produkt oder die Dienstleistung von der Zielgruppe tatsächlich genutzt wird.
- **Usage**: Die Nutzung beschreibt, wie oft und wie intensiv das Produkt oder die Dienstleistung von den Nutzern verwendet wird. Dies beinhaltet die Analyse von Daten wie Besuchsfrequenz, Verweildauer, Aktivitäten innerhalb der Anwendung und anderen Metriken, um zu verstehen, wie das Produkt oder die Dienstleistung von den Nutzern tatsächlich genutzt wird.
- **Monetization**: Die Monetarisierung beschreibt, wie das Produkt oder die Dienstleistung tatsächlich Geld einbringt. Dies beinhaltet die Analyse von Daten wie der durchschnittlichen Einnahmen pro

Nutzer, der Konversionsrate und der Häufigkeit von Transaktionen, um zu verstehen, wie erfolgreich das Geschäftsmodell des Produkts oder der Dienstleistung ist.

Im Gegensatz zu AARRR legt RUM den Fokus nicht nur auf die Geschäftskennzahlen, sondern auch auf die Kundenzufriedenheit. Dabei berücksichtigt es, dass Kundeninteraktionen eine wichtige Rolle in der Kundenbindung und -zufriedenheit spielen. RUM kann auch bei der Bewertung der Funktionalität von Produkten und Dienstleistungen eingesetzt werden, indem es die Nutzererfahrung und -interaktionen analysiert und dadurch Rückschlüsse auf Verbesserungen zieht.

Das RUM-Framework kann auf verschiedene Arten implementiert werden. Einige Unternehmen bevorzugen eine interne Implementierung mit ihren eigenen Messinstrumenten, um die Ergebnisse und die Datengenauigkeit besser zu kontrollieren. Andere Unternehmen nutzen externe Tools und Dienstleister, um das Framework zu implementieren und zu messen. Unabhängig davon, wie das RUM-Framework implementiert wird, ist es wichtig, die Messinstrumente regelmäßig zu überprüfen und zu aktualisieren, um sicherzustellen, dass sie weiterhin den Anforderungen des Unternehmens entsprechen.

Zusammenfassend lässt sich sagen, dass das RUM-Framework ein nützliches Instrument ist, um die Interaktionen von Kunden mit Produkten und Dienstleistungen zu messen und zu verstehen. Es ermöglicht es Unternehmen, ihre Kunden besser zu verstehen, die Nutzererfahrung zu verbessern und dadurch die Kundenbindung und -zufriedenheit zu erhöhen. Durch die Analyse von Metriken wie Reichweite, Nutzung und Monetarisierung können Unternehmen eine umfassende Sicht auf den Erfolg ihres Produkts bekommen.

2.5.5 Lean Analytics Framework

Das Lean Analytics-Framework ist ein Messinstrument zur Verbesserung des Produkterfolgs von Startups. Es wurde von Alistair Croll und Benjamin Yoskovitz in ihrem Buch „Lean Analytics" eingeführt

und ist auf die Bedürfnisse von Unternehmen zugeschnitten, die noch in der Entwicklungsphase sind.
Wie Abb. 2.4 zeigt, besteht das Framework aus fünf Schritten: Empathize, Stickiness, Virality, Revenue und Scale (ESVRS). Jeder Schritt konzentriert sich auf einen bestimmten Aspekt des Produktwachstums und gibt Einblicke in den Fortschritt des Unternehmens. (Vaidy, 2016)

- Der erste Schritt, **Empathize**, dreht sich um das Verständnis der Bedürfnisse der Kunden. Hierbei müssen die Unternehmensleiter herausfinden, welche Bedürfnisse und Herausforderungen ihre Kunden haben. Das Ziel ist es, eine klare Vorstellung davon zu haben, welches Problem das Unternehmen lösen wird.
- Im nächsten Schritt, **Stickiness**, geht es darum, die Kunden zu binden. Hierbei wird untersucht, wie oft die Kunden das Produkt nutzen und wie lange sie bleiben. Das Ziel ist es, das Produkt so zu gestalten, dass es den Kunden einen Mehrwert bietet, der sie immer wieder zurückkommen lässt.
- Die dritte Stufe des Frameworks, **Virality**, dreht sich um die Frage, wie das Produkt bekannt gemacht werden kann. Hierbei geht es darum, festzustellen, wie viele Kunden das Produkt empfehlen und wie einfach es ist, das Produkt zu teilen. Das Ziel ist es, die Reichweite des Produkts zu erhöhen, indem es von den Kunden weiterempfohlen wird.
- Der vierte Schritt, **Revenue**, befasst sich mit der Frage, wie das Unternehmen Geld verdienen kann. Hierbei wird untersucht, wie Kunden das Produkt nutzen und wie sie bereit sind, dafür zu bezahlen. Das Ziel ist es, die Einnahmen zu maximieren, indem man die richtige Preisstrategie wählt und Produkteigenschaften hinzufügt, die einen höheren Wert für den Kunden schaffen.
- Das letzte Element des Frameworks, **Scale**, bezieht sich darauf, wie das Unternehmen wachsen kann. Hierbei geht es darum, zu untersuchen, wie das Unternehmen expandieren kann, ohne dass es zu Einschränkungen oder Engpässen kommt. Das Ziel ist es, das Unternehmen so zu skalieren, dass es die Bedürfnisse der Kunden befriedigt und gleichzeitig das Wachstum des Unternehmens ermöglicht.

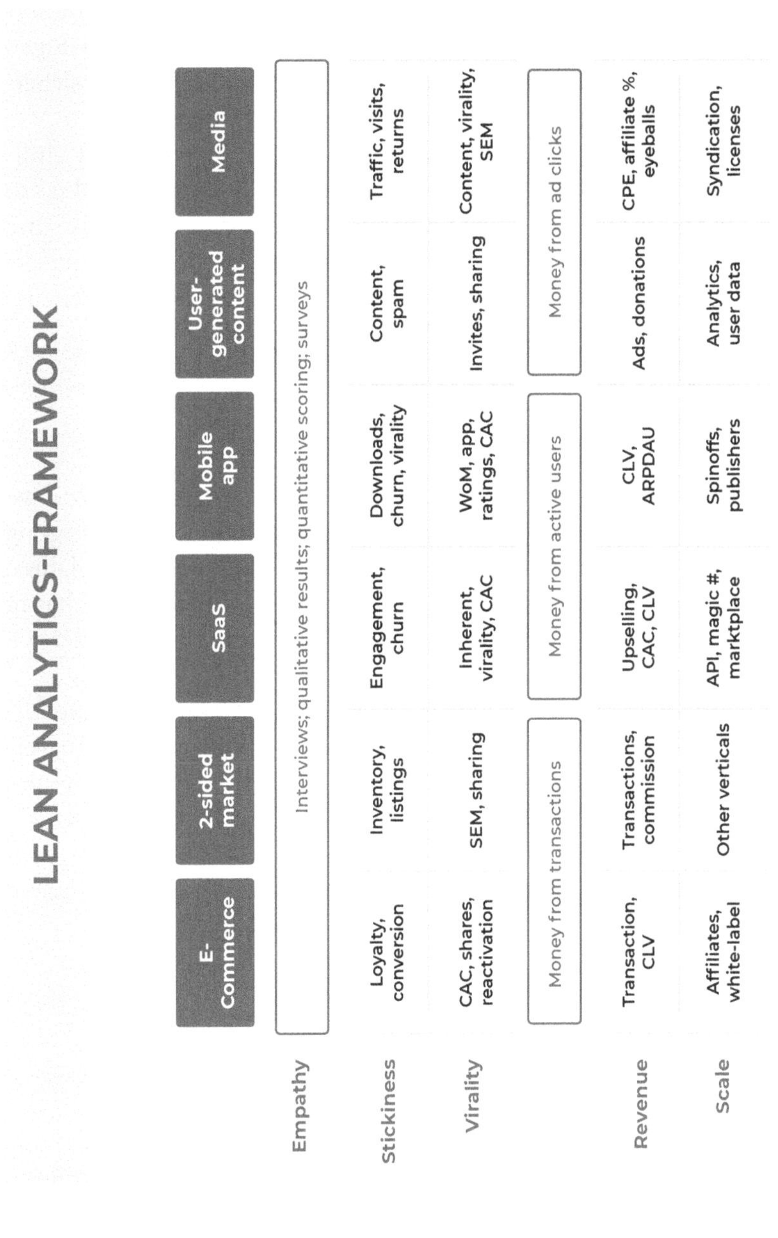

2 Product Analytics in der Unternehmenspraxis

LEAN ANALYTICS-FRAMEWORK

	E-Commerce	2-sided market	SaaS	Mobile app	User-generated content	Media
Empathy	Interviews; qualitative results; quantitative scoring; surveys					
Stickiness	Loyalty, conversion	Inventory, listings	Engagement, churn	Downloads, churn, virality	Content, spam	Traffic, visits, returns
Virality	CAC, shares, reactivation	SEM, sharing	Inherent, virality, CAC	WoM, app, ratings, CAC	Invites, sharing	Content, virality, SEM
	Money from transactions		Money from active users		Money from ad clicks	
Revenue	Transaction, CLV	Transactions, commission	Upselling, CAC, CLV	CLV, ARPDAU	Ads, donations	CPE, affiliate %, eyeballs
Scale	Affiliates, white-label	Other verticals	API, magic #, marketplace	Spinoffs, publishers	Analytics, user data	Syndication, licenses

Abb. 2.4 Lean Analytics Framework. (Quelle: eigene Darstellung in Anlehung an Vaidy, 2016

Ein wichtiger Aspekt des Lean Analytics-Frameworks ist, dass es agil ist und sich auf die Entwicklung und Verbesserung des Produkts konzentriert. Es wird empfohlen, das Framework in regelmäßigen Abständen anzuwenden und die Ergebnisse zu überprüfen, um sicherzustellen, dass das Unternehmen auf dem richtigen Weg ist.

Zusammenfassend ist das Lean Analytics-Framework ein hilfreiches Instrument für Startups, um den Erfolg ihres Produkts zu messen und zu verbessern. Es konzentriert sich auf die Bedürfnisse und Anforderungen der Kunden und gibt dem Unternehmen Einblicke in den Fortschritt bei der Bindung der Kunden, der Bekanntheit des Produkts, der Einnahmen und des Wachstums. (Vaida, 2016)

2.5.6 OKRs

Das OKR-Framework (Objectives and Key Results) ist ein Zielsetzungsrahmenwerk, das Unternehmen und Organisationen bei der Festlegung und Verfolgung von Zielen unterstützt. Es wurde in den 1990er Jahren von Andy Grove, dem damaligen CEO von Intel, entwickelt und hat in den letzten Jahren an Popularität gewonnen, insbesondere im Bereich der Technologieunternehmen.

Das OKR-Framework ist darauf ausgerichtet, das Engagement, die Ausrichtung und die Leistung von Teams und Organisationen zu verbessern. Es besteht aus zwei Komponenten: Zielen (Objectives) und Schlüsselergebnissen (Key Results):

- **Objectives** sind anspruchsvolle, aber erreichbare Ziele, die einem Unternehmen helfen, seine Vision und Mission zu erreichen.
- **Key Results** sind spezifische und messbare Ergebnisse, die dazu beitragen, die Objectives zu erreichen.

Ein typisches OKR besteht aus einem oder mehreren Objectives, die jeweils mehrere Key Results haben. Die Objectives sollten in der Regel nicht mehr als fünf sein, damit die Organisation sich auf die wichtigsten Ziele konzentrieren kann. Key Results sollten spezifisch, messbar und zeitgebunden sein, damit der Fortschritt verfolgt und bewertet werden kann (Abb. 2.5).

Abb. 2.5 OKR Framework. (Quelle: in Anlehnung an Kanbanize, 2022)

Eine wichtige Eigenschaft des OKR-Frameworks ist seine Ausrichtung auf das gesamte Unternehmen. Die Objectives und Key Results sollten von der Unternehmensführung bis hinunter zu den einzelnen Mitarbeitern auf allen Ebenen der Organisation ausgerichtet sein. Dadurch wird sichergestellt, dass jeder in der Organisation auf die gleichen Ziele hinarbeitet und dass der Fortschritt transparent und messbar ist.

Ein weiterer wichtiger Aspekt des OKR-Frameworks ist seine Flexibilität. Objectives und Key Results können regelmäßig überprüft und aktualisiert werden, um sicherzustellen, dass sie immer noch relevant und erreichbar sind. Wenn ein Objective nicht erreicht wird, kann es angepasst oder durch ein neues ersetzt werden. Auf diese Weise kann die Organisation schnell auf Veränderungen reagieren und ihre Ziele anpassen, um sich an neue Umstände anzupassen.

Das OKR-Framework wird von vielen Unternehmen und Organisationen verwendet, insbesondere in der Technologiebranche. Unternehmen wie Google, Amazon, Twitter und LinkedIn nutzen das Framework, um ihre Ziele zu definieren und ihre Leistung zu messen.

Es wird auch von gemeinnützigen Organisationen und Regierungsbehörden verwendet.

Im Vergleich zu anderen Frameworks wie der Balanced Scorecard oder dem Lean Analytics-Framework liegt der Fokus des OKR-Frameworks auf der Verbesserung der Leistung und Ausrichtung von Teams und Organisationen. Es ist weniger auf die Messung von Finanzkennzahlen oder Marketingmetriken ausgerichtet, sondern konzentriert sich auf die Erreichung von Zielen und die Verbesserung der Zusammenarbeit und Ausrichtung in der Organisation.

Ein wichtiger Vorteil des OKR-Frameworks ist seine Einfachheit. Es ist einfach zu verstehen und zu implementieren, was es für Unternehmen aller Größen und Branchen zugänglich macht. Es fördert auch die Transparenz und Offenheit in der Organisation, da jeder die Objectives und Key Results sehen kann und jeder weiß, auf welche Ziele die Organisation hinarbeitet.

Einige Kritiker argumentieren jedoch, dass OKRs zu kurzfristig und zu zielorientiert sind und möglicherweise nicht genug Fokus auf die langfristige Vision des Unternehmens legen. Andere argumentieren, dass sie dazu führen können, dass sich Mitarbeiter zu sehr auf das Erreichen der Ziele konzentrieren und möglicherweise nicht genug Zeit und Energie in die Schaffung von innovativen Lösungen oder die Zusammenarbeit mit Kollegen investieren.

Es ist wichtig zu betonen, dass OKRs nicht als alleiniges Framework zur Messung und Verbesserung der Leistung eines Unternehmens betrachtet werden sollten. Sie sollten als Teil eines umfassenden Ansatzes zur Verbesserung der Leistung des Unternehmens und der Mitarbeiter angesehen werden, der auch andere Tools und Methoden wie Mitarbeiter-Engagement-Programme, regelmäßiges Feedback und Schulungen umfasst.

Zusammenfassend lässt sich sagen, dass das OKR-Framework ein wertvolles Instrument für Unternehmen ist, um ihre Ziele und Strategien zu definieren, zu kommunizieren und zu messen. Es ermöglicht eine klare Ausrichtung auf wichtige Ergebnisse und hilft, den Fokus auf die wichtigsten Aufgaben zu legen. Die Verwendung von OKRs erfordert jedoch eine klare Kommunikation und einen gemeinsamen Konsens, um sicherzustellen, dass alle Mitarbeiter die gleiche Vorstellung von den Zielen und Erwartungen haben.

2.5.7 Balanced Scorecard

Die Balanced Scorecard (BSC) ist ein Framework zur strategischen Planung und Messung der Performance eines Unternehmens. Es wurde 1992 von Robert S. Kaplan und David P. Norton entwickelt und hat sich seither zu einem der bekanntesten Frameworks im Bereich der Unternehmensstrategie und Performance-Messung entwickelt. (Kaplan, 1992) Das Konzept der Balanced Scorecard basiert auf der Idee, dass Unternehmen ihre Leistung nicht nur anhand finanzieller Kennzahlen messen sollten, sondern auch anhand von nicht-finanziellen Kennzahlen, die wichtige Aspekte der Unternehmensstrategie und -kultur widerspiegeln.

Die Balanced Scorecard ist ein umfassendes Framework, das Unternehmen dabei hilft, ihre Strategie in messbare Ziele umzuwandeln und die Fortschritte bei der Umsetzung ihrer Strategie zu verfolgen. Das Framework besteht aus vier Perspektiven: Finanzen, Kunden, interne Prozesse und Lernen und Entwicklung. Jede Perspektive wird durch eine Reihe von Kennzahlen und Indikatoren gemessen, die das Unternehmen bei der Umsetzung seiner Strategie unterstützen.

- Die **Finanzperspektive** misst die finanzielle Leistung des Unternehmens und beinhaltet Kennzahlen wie Umsatzwachstum, Gewinnmarge, Rendite auf Investitionen und Kapitalkosten.
- Die **Kundenperspektive** misst die Kundenzufriedenheit und -loyalität und beinhaltet Kennzahlen wie Kundenbindung, Kundenzufriedenheit und Marktanteil.
- Die **interne Prozessperspektive** misst die Effizienz und Effektivität der internen Prozesse und beinhaltet Kennzahlen wie Prozessdurchlaufzeit, Fehlerquote und Durchlaufzeit.
- Schließlich misst die **Lern- und Entwicklungsperspektive** die Fähigkeit des Unternehmens, sich kontinuierlich zu verbessern und zu lernen und beinhaltet Kennzahlen wie Mitarbeiterkompetenzen, Innovationsfähigkeit und Mitarbeiterzufriedenheit.

Abb. 2.6 Balanced Scorecard Framework. (Quelle: in Anlehnung an Monday. com, 2023)

Die Balanced Scorecard ist ein bewährtes Framework für die strategische Planung und Umsetzung von Unternehmenszielen. Es bietet ein ganzheitliches Messsystem, das den Fokus auf die Gesamtstrategie des Unternehmens legt und nicht nur auf finanzielle Kennzahlen (Abb. 2.6).

Ein großer Vorteil der Balanced Scorecard ist, dass sie den Mitarbeitern klare Ziele und Messgrößen für ihre Arbeit gibt, die sich direkt auf die strategischen Ziele des Unternehmens ausrichten. Dadurch wird das Engagement und die Motivation der Mitarbeiter gesteigert, da sie einen klaren Bezug zwischen ihrer Arbeit und den Unternehmenszielen erkennen können.

Die Balanced Scorecard bietet auch eine ausgezeichnete Möglichkeit, um sicherzustellen, dass alle Abteilungen und Teams im Unternehmen in dieselbe Richtung arbeiten. Indem sie klare Ziele und Kennzahlen für jeden Bereich festlegt, sorgt die Balanced Scorecard dafür, dass alle an einem gemeinsamen Ziel arbeiten und sich auf die wichtigsten Aspekte konzentrieren.

Ein weiterer Vorteil der Balanced Scorecard ist, dass sie die Möglichkeit bietet, die Fortschritte des Unternehmens zu verfolgen und zu messen. Die Kennzahlen in jeder Kategorie können regelmäßig überwacht werden, um sicherzustellen, dass das Unternehmen auf dem richtigen Weg ist, seine Ziele zu erreichen. Wenn das Unternehmen von seinem Kurs abkommt, können die Ursachen ermittelt und Korrekturmaßnahmen ergriffen werden.

Die Balanced Scorecard hat jedoch auch einige Nachteile, die berücksichtigt werden sollten. Ein Nachteil ist, dass das Framework sehr komplex sein kann und eine umfassende Planung und Umsetzung erfordert. Es erfordert eine genaue Abstimmung der strategischen Ziele des Unternehmens mit den Zielen und Kennzahlen in jedem Bereich und erfordert auch eine klare Kommunikation der Ziele und Kennzahlen an alle Mitarbeiter.

Ein weiterer Nachteil der Balanced Scorecard ist, dass die Messgrößen in jeder Kategorie oft schwierig zu quantifizieren sind. Zum Beispiel kann es schwierig sein, den Erfolg eines Unternehmens in der Kategorie „Kundenperspektive" zu messen, da dies auf Faktoren wie Kundenzufriedenheit und Kundenbindung basiert, die nicht immer leicht zu quantifizieren sind.

Ein weiterer Nachteil der Balanced Scorecard ist, dass es schwierig sein kann, sie auf kleinere Unternehmen oder Abteilungen innerhalb größerer Unternehmen anzuwenden. Das Framework wurde ursprünglich für größere Unternehmen entwickelt und kann daher schwierig sein, es auf kleinere Unternehmen oder Abteilungen anzuwenden, die möglicherweise nicht über die Ressourcen verfügen, um eine umfassende Planung und Umsetzung durchzuführen.

Insgesamt ist die Balanced Scorecard ein leistungsstarkes Framework für die strategische Planung und Umsetzung von Unternehmenszielen. Es bietet ein umfassendes Messsystem, das den Fokus auf die Gesamtstrategie des Unternehmens legt und den Mitarbeitern klare Ziele und Messgrößen für ihre Arbeit gibt. Es bietet auch eine ausgezeichnete Möglichkeit, um sicherzustellen, dass alle Abteilungen und Teams im Unternehmen.

2.6 Mitarbeiterqualifikationen und Schulungsbedarf

Product-Analytics-Lösungen stellen je nach Komplexität und Anwendungsgebiet unterschiedliche Anforderungen an Mitarbeiter. Im Allgemeinen sollten Mitarbeiter in der Lage sein, Daten zu verstehen, zu analysieren und daraus Erkenntnisse zu gewinnen. Sie sollten auch in der Lage sein, diese Erkenntnisse in Aktionen und Strategien umzusetzen, um das Produkt oder den Service zu verbessern. Einige spezifische Anforderungen, die mit der Nutzung von Product-Analytics-Lösungen einhergehen können, sind:

Technisches Verständnis
Mitarbeiter sollten ein grundlegendes technisches Verständnis haben, um die Daten, Tools und Systeme, die in der Analyse verwendet werden, zu verstehen.

Datenanalysefähigkeiten
Mitarbeiter sollten in der Lage sein, Daten zu analysieren und Erkenntnisse aus ihnen zu gewinnen. Dazu gehören Fähigkeiten wie Datenbereinigung, Datenvisualisierung, Datenmodellierung und Statistik.

Geschäftsverständnis
Mitarbeiter sollten ein Verständnis für das Geschäft und den Markt haben, in dem das Unternehmen tätig ist. Dies hilft bei der Interpretation der Daten und der Ableitung von sinnvollen Handlungsempfehlungen.

Problemlösungsfähigkeiten

Mitarbeiter sollten in der Lage sein, Probleme zu erkennen und Lösungen zu finden. Dies erfordert Kreativität und die Fähigkeit, Daten und Informationen aus verschiedenen Quellen zu kombinieren.

Kommunikationsfähigkeiten

Mitarbeiter sollten in der Lage sein, ihre Ergebnisse und Empfehlungen klar und verständlich zu kommunizieren. Dies ist wichtig, um sicherzustellen, dass Entscheidungen auf der Grundlage von Daten getroffen werden und dass die Beteiligten die Vorteile der Analyse verstehen.

Projektmanagementfähigkeiten

Mitarbeiter sollten in der Lage sein, komplexe Projekte zu planen und durchzuführen, um sicherzustellen, dass Analyseergebnisse in Aktionen umgesetzt werden.

Teamfähigkeit

Product Analytics erfordert oft die Zusammenarbeit mit anderen Abteilungen, z. B. Entwicklung, Marketing oder Kundenservice. Mitarbeiter sollten in der Lage sein, effektiv in Teams zu arbeiten und Daten und Erkenntnisse mit anderen zu teilen.

Kontinuierliche Lernbereitschaft

Product-Analytics-Lösungen und -Technologien entwickeln sich ständig weiter. Mitarbeiter sollten bereit sein, ihr Wissen und ihre Fähigkeiten kontinuierlich zu aktualisieren und sich an neue Technologien und Methoden anzupassen.

Da nicht all diese Fähigkeiten von Beginn an bei den Mitarbeitern vorliegen dürften, empfiehlt es sich hier auch Weiterbildungsmöglichkeiten in Betracht zu ziehen:

Akademische Programme

Es gibt verschiedene Bachelor- und Masterstudiengänge, die sich auf Data Science, Business Analytics und verwandte Themen konzentrieren. Einige der bekanntesten Programme sind zum Beispiel der Master in

Business Analytics (MBAN) der University of Toronto, der Master of Science in Data Science (MSDS) der Columbia University und der Master of Information and Data Science (MIDS) der University of California, Berkeley.

Zertifizierungen
Es gibt verschiedene Zertifizierungsprogramme, die sich auf spezifische Tools und Technologien im Bereich der Datenanalyse und des Product Analytics konzentrieren. Einige der bekanntesten Zertifizierungen sind zum Beispiel die Google Analytics Individual Qualification (IQ), die Microsoft Certified: Azure Data Scientist Associate-Zertifizierung und die Certified Analytics Professional (CAP)-Zertifizierung.

Online-Kurse
Es gibt eine Vielzahl von Online-Kursen, die sich auf Data Science, Machine Learning und Business Analytics konzentrieren. Einige der bekanntesten Plattformen für Online-Lernen sind Coursera, Udemy und edX. Einige der bekanntesten Online-Kurse sind zum Beispiel der Data Science Specialization-Kurs auf Coursera, der Applied Data Science with Python-Kurs auf Coursera und der Machine Learning-Kurs auf edX.

Bootcamps
Bootcamps sind intensive, immersive Trainingsprogramme, die sich auf spezifische Fähigkeiten im Bereich der Datenanalyse und des Product Analytics konzentrieren. Diese Programme sind in der Regel kurz und sehr praxisorientiert. Einige der bekanntesten Bootcamps sind zum Beispiel das Data Science Bootcamp von Metis, das Data Science Career Track von Springboard und das Data Science Bootcamp von General Assembly.

Konferenzen und Workshops
Konferenzen und Workshops bieten die Möglichkeit, sich über die neuesten Trends und Entwicklungen im Bereich der Datenanalyse und

des Product Analytics zu informieren und gleichzeitig Netzwerke mit anderen Fachleuten aufzubauen. Einige der bekanntesten Konferenzen sind zum Beispiel die Strata Data Conference, die Data Science Conference und die Predictive Analytics World.

Bücher und Fachzeitschriften
Es gibt eine Vielzahl von Büchern und Fachzeitschriften, die sich auf spezifische Aspekte der Datenanalyse und des Product Analytics konzentrieren. Einige der bekanntesten Bücher sind zum Beispiel „Data Science for Business" von Foster Provost und Tom Fawcett, „Python for Data Analysis" von Wes McKinney und „The Lean Product Playbook" von Dan Olsen. Bekannte Fachzeitschriften sind zum Beispiel Harvard Business Review, Journal of Business Analytics und Journal of Data Science.

Aus der Vielzahl dieser Möglichkeiten dürfte für jede Form des Lerntyps Ihrer Mitarbeiter die passende Lernform auffindbar und anwendbar sein. Es entstehen gerade auch bei Anbietern wie Amplitude und Mixpanel eigene spannende Kurse. Auch über Product School gibt es kostenpflichtige Spezialisierungen in diesem Bereich, die permanent erweitert werden.

Fazit
Richtig implementiert bilden Product-Analytics-Systeme eine nahezu ideale Möglichkeit der Operationalisierung, also der unmittelbaren Anwendbarkeit von Unternehmenskennzahlensystemen wie Lean Analytics oder der Balanced Scorecard. Weitaus häufiger im Vergleich zu solch Urgesteinen der Kennzahlensysteme sind jedoch einfach anwendbare neue Kennzahlensysteme wie das Pirate Framework. Hier gilt es das für Sie passende System zu identifizieren und bereichsübergreifend zu implementieren. Das frühzeitige Abholen der einzelnen Fachbereiche und auch die Nutzung des Systems prozess- und abteilungsübergreifend ist dabei ein wichtiger Erfolgsfaktor in der täglichen Arbeit.

Ihr Transfer in die Praxis

- Machen Sie sich bewusst, welche Ziele Sie als Unternehmen verfolgen, was Ihre Nutzer möchten und welche Kennzahlen für Sie erfolgskritisch sind.
- Die Nutzung eines Frameworks hilft dabei, die für Ihr Unternehmen passenden Methoden und Kennzahlen zu wählen.
- Bedenken Sie, dass das übergreifende Arbeiten mit Product Analytics das frühzeitige Abholen der einzelnen Bereiche und Mitarbeiter erfordert.
- Beschäftigen Sie sich für die passenden Kennzahlen nicht nur mit Ihren Unternehmenszielen, sondern versuchen Sie sich auch in die Rolle Ihrer Nutzer zu versetzen und deren Ziele und Laufwege (Wege zum Ziel) nachzuvollziehen.

Literatur

Kanbanize (2022). 10 Comprehensive OKRs Best Practices for Businesses. https://kanbanize.com/okr-resources/okr/best-practices. Zugegriffen: 22. Juli. 2023.

Kaplan, R. S. (1992). The Balanced Scorecard—Measures that Drive Performance. *Harvard Business Review*. https://hbr.org/1992/01/the-balanced-scorecard-measures-that-drive-performance-2. Zugegriffen: 22. Juli. 2023.

monday.com Blog. (2023). Helpful balanced scorecard template for strategy execution. *monday.com Blog*. https://monday.com/blog/task-management/balanced-scorecard-template/. Zugegriffen: 22. Juli. 2023.

Sauro, J. (2019). Should you love the HEART framework? – MeasuringU. https://measuringu.com/heart-framework/. Zugegriffen: 22. Juli. 2023.

Singh, D. (2020). Rice Scoring: A framework to resolve product prioritization conundrum. www.linkedin.com. https://www.linkedin.com/pulse/rice-scoring-framework-resolve-product-prioritization-digvijay-singh/. Zugegriffen: 22. Juli. 2023.

Vaidy. (2016). Growing an early stage Consumer Startup with Experiments [Part 1] – Navigating the early stages. http://www.multunus.com/blog/2016/03/growing-early-stage-consumer-startup-experiments-part-1-navigating-early-stages/. Zugegriffen: 22. Juli. 2023.

Van Gasteren, W. (2023). What is the Pirate Funnel (AARRR framework) and how to apply it in 5 quick steps? *Ward Van Gasteren.* https://growwithward.com/aaarrr-pirate-funnel/. Zugegriffen: 22. Juli. 2023.

Waller, D. (2020). 10 Steps to creating a Data-Driven Culture. https://hbr.org/2020/02/10-steps-to-creating-a-data-driven-culture. Zugegriffen: 22. Juli. 2023.

3
Auswahl des passenden Product Analytics-Tools

> **Was Sie aus diesem Kapitel mitnehmen**
>
> - Welche Anbieter im Moment die wichtigsten im Bereich Product Analytics sind.
> - Wie Sie den passenden Anbieter für Ihr Unternehmen auswählen.
> - Welche Kriterien Ihnen beim Aufbau eines eigenen Scorings helfen.
> - Welche Zukunftstrends Sie bei der Auswahl berücksichtigen sollten.

3.1 Die Bedeutung der richtigen Produktanalyse-Lösung

In der heutigen hochtechnologischen und datengetriebenen Geschäftswelt ist die Produktanalyse zu einem unverzichtbaren Werkzeug geworden, um den Erfolg und die Wettbewerbsfähigkeit von Unternehmen zu steigern. Produktanalyse ermöglicht es Unternehmen, wertvolle Einblicke in das Verhalten ihrer Benutzer zu gewinnen und fundierte Entscheidungen zur Verbesserung ihrer Produkte und

Dienstleistungen zu treffen. Die Prozesse der Datenerhebung, Messung und Analyse bieten eine Fülle von Informationen darüber, wie Kunden mit einem Produkt interagieren, welche Funktionen am beliebtesten sind und wo mögliche Schwachstellen liegen.

Bei der Wahl der richtigen Produktanalyse-Lösung müssen Unternehmen verschiedene Aspekte berücksichtigen, um sicherzustellen, dass die gewählte Lösung den spezifischen Anforderungen und Zielen ihres Unternehmens entspricht. Ein sorgfältiger Evaluierungsprozess ist entscheidend, um die richtige Wahl zu treffen. Im Folgenden werden einige wesentliche Faktoren näher erläutert, die bei der Entscheidung für eine Produktanalyse-Lösung zu berücksichtigen sind:

3.2 Die spezifischen Bedürfnisse des Unternehmens

Jedes Unternehmen ist einzigartig und verfolgt unterschiedliche Ziele. Bevor eine Produktanalyse-Lösung ausgewählt wird, ist es wichtig, genau zu definieren, was das Unternehmen mit der Analyse erreichen möchte. Möchten Sie das Benutzerverhalten besser verstehen? Die Benutzerfreundlichkeit erhöhen? Umsatzsteigerungen erzielen? Eine klare Definition der Ziele ermöglicht es, die am besten geeignete Lösung zu identifizieren, die diese Ziele am effektivsten unterstützt. Hier finden Sie einen Überblick der wichtigsten Entscheidungskriterien:

1. Funktionsumfang und Leistungsfähigkeit der Lösung
Verschiedene Produktanalyse-Plattformen bieten unterschiedliche Funktionen und Möglichkeiten. Es ist wichtig, die verfügbaren Funktionen im Hinblick auf die Anforderungen des Unternehmens zu bewerten. Beinhaltet die Lösung alle erforderlichen Analysewerkzeuge, um aussagekräftige Erkenntnisse zu gewinnen? Bietet sie benutzerfreundliche Dashboards und Visualisierungen? Ist sie in der Lage, die Daten in Echtzeit zu verarbeiten? Eine gründliche Untersuchung des Funktionsumfangs ermöglicht es, eine Lösung zu finden, die optimal zu den Geschäftsanforderungen passt.

2. Integration mit anderen Tools
In der Regel nutzen Unternehmen eine Vielzahl von Tools und Plattformen, um verschiedene Aspekte ihres Geschäfts zu verwalten. Eine nahtlose Integration der Produktanalyse-Lösung mit anderen bestehenden Tools wie dem CRM-System, der Marketing-Automatisierungsplattform oder dem Webanalyse-Tool ist von entscheidender Bedeutung. (siehe Abb. 3.1 als Beispiel) Dadurch können Daten aus verschiedenen Quellen zusammengeführt werden, um ein umfassendes Bild des Kundenverhaltens zu erhalten und umfassendere Analysen durchzuführen.

3. Kosten und Skalierbarkeit
Der finanzielle Aspekt ist natürlich ein wesentlicher Faktor bei der Auswahl einer Produktanalyse-Lösung. Unternehmen sollten die Kosten der Lösung im Verhältnis zu ihrem Budget und den erwarteten Vorteilen abwägen. Dabei ist es auch wichtig, die Skalierbarkeit der Lösung zu berücksichtigen. Wächst das Unternehmen, wird auch die Datenmenge und -komplexität zunehmen. Die gewählte Lösung sollte also in der Lage sein, mit dem wachsenden Datenvolumen umzugehen und die benötigte Leistung zu erbringen.

4. Sicherheit und Datenschutz
Der Schutz sensibler Daten ist in der heutigen Zeit von größter Bedeutung. Die gewählte Produktanalyse-Lösung sollte daher über robuste Sicherheitsmechanismen verfügen, um die Vertraulichkeit und Integrität der Daten zu gewährleisten. Die Einhaltung relevanter Datenschutzvorschriften und -richtlinien ist dabei unerlässlich, um das Vertrauen der Kunden zu gewinnen und das Risiko von Datenschutzverletzungen zu minimieren.

Neben den oben genannten Faktoren gibt es weitere Aspekte, die bei der Auswahl einer Produktanalyse-Lösung eine Rolle spielen können:

5. Unternehmensgröße
Die Größe des Unternehmens kann die Auswahl beeinflussen. Kleine Unternehmen haben möglicherweise begrenzte Ressourcen und

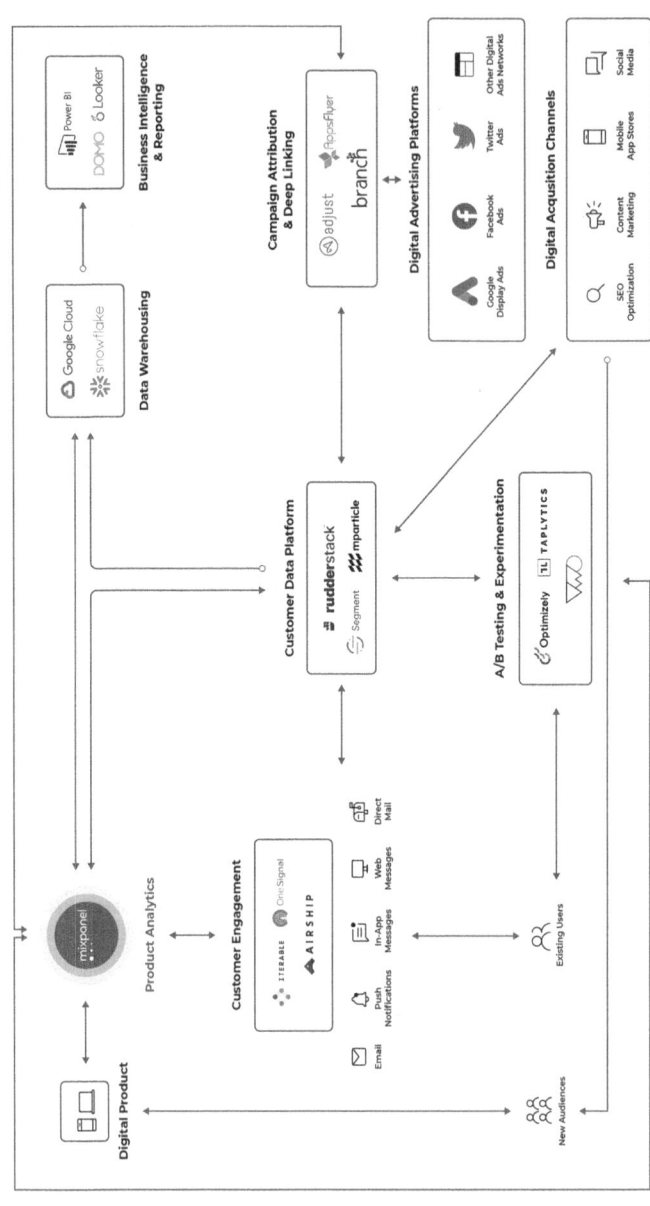

Abb. 3.1 Integrationsbeispiel des Tools Mixpanel. (Quelle: Mixpanel, 2022)

benötigen möglicherweise keine umfangreichen Funktionen, die für größere Unternehmen von Bedeutung sind.

6. Branchenspezifische Anforderungen
Bestimmte Branchen haben spezifische gesetzliche Vorschriften und Regularien, die bei der Auswahl einer Produktanalyse-Lösung beachtet werden müssen. Es ist wichtig sicherzustellen, dass die Lösung den branchenspezifischen Anforderungen entspricht.

7. Technische Expertise
Die technischen Fähigkeiten und Ressourcen des Unternehmens spielen ebenfalls eine Rolle. Unternehmen mit einem technisch versierten Team können eine komplexere Lösung in Betracht ziehen, während Unternehmen ohne technisches Know-how eine benutzerfreundlichere Lösung benötigen.

3.3 Überblick über die gängigsten Lösungen im Bereich Product Analytics

Auf dem Markt gibt es eine Vielzahl von Produktanalyse-Tools, von denen jedes seine eigenen Stärken und Schwächen hat. Einige der beliebtesten Tools sind:

Mixpanel
Eine umfassende Produktanalyse-Lösung, die eine breite Palette von Funktionen wie Ereignisverfolgung, Funnel-Analyse, Kohorten-Analyse und A/B-Tests bietet. Mixpanel wird oft für seine umfangreichen Funktionen und Analysen geschätzt. [https://mixpanel.com/]

Amplitude
Ein weiteres beliebtes Produktanalyse-Tool, das ähnliche Funktionen wie Mixpanel bietet. Amplitude zeichnet sich durch seine Benutzerfreundlichkeit und seine Fähigkeit aus, komplexe Benutzerreisen zu verfolgen. [https://amplitude.com/]

Posthog:
Ein neueres Produktanalyse-Tool, das aufgrund seiner erschwinglichen Preise und seiner Ausrichtung darauf, Produktteams bei der Entwicklung besserer Produkte zu unterstützen, an Beliebtheit gewinnt. Posthog bietet einzigartige Funktionen wie Benutzerfeedback und Benutzerumfragen. [https://posthog.com/]

Pendo
Ein Produktanalyse-Tool, das sich darauf konzentriert, Produktteams zu unterstützen, indem es ihnen hilft, zu verstehen, wie Benutzer ihre Produkte nutzen. Pendo bietet Funktionen, die es Produktteams ermöglichen, Feedback von Benutzern zu sammeln, Benutzerengagement zu verfolgen und potenzielle Probleme mit ihrem Produkt zu identifizieren (Abb. 3.2). [https://www.pendo.io/]

Heap
Ein Produktanalyse-Tool, das sich darauf konzentriert, Produktteams bei der Verfolgung des Benutzerverhaltens zu unterstützen. Heap bietet Funktionen, mit denen Produktteams Daten über Benutzerinteraktionen mit ihrem Produkt sammeln können, wie Klicks, Scrollen und Mausbewegungen. [https://heap.io/].

Fullstory
Ein Produktanalyse-Tool, das darauf abzielt, Produktteams dabei zu unterstützen, das Benutzererlebnis zu verstehen. Fullstory bietet Funktionen, die Produktteams dabei helfen, Benutzersitzungen aufzuzeichnen und erneut abzuspielen, Probleme mit dem Benutzererlebnis zu identifizieren und Feedback von Benutzern zu erhalten (Abb. 3.3). [https://fullstory.com/].

Neben den oben genannten Tools gibt es weitere bemerkenswerte Produktanalyse-Tools, die Sie in Betracht ziehen können. Eine fundierte Evaluierung der Funktionen und Leistungsfähigkeit dieser Tools ist entscheidend, um dasjenige zu finden, das Ihren geschäftlichen Anforderungen am besten entspricht.

3 Auswahl des passenden Product Analytics-Tools 55

Abb. 3.2 Darstellung eines Dashboards in Pendo. (Quelle: Pendo, 2021)

Abb. 3.3 Abbildung einer Sessionplaylist in Fullstory. (Quelle: Fullstory, 2023)

- Segment [https://segment.com/]
- Ably [https://ably.com/]
- Countly [https://countly.com/]
- Woopra [https://woopra.com/]
- Piwik PRO [https://piwik.pro/]

3.4 Schlüsseltrends für die Auswahl der richtigen Lösung

Der Markt für Produktanalyse ist ständig im Wandel, daher ist es wichtig, die neuesten Trends zu verfolgen. Einige der Schlüsseltrends sind:

1. Die zunehmende Verwendung von maschinellem Lernen und künstlicher Intelligenz zur Analyse von Produktdaten
Die zunehmende Verwendung von maschinellem Lernen und künstlicher Intelligenz (KI) zur Analyse von Produktdaten hat einen bedeutenden Einfluss auf die Effektivität und Genauigkeit der Produktanalyse. Diese Technologien ermöglichen es, große Mengen von komplexen Daten in Echtzeit zu verarbeiten und Muster, Trends und Zusammenhänge zu identifizieren, die für menschliche Analysten schwer oder unmöglich zu erkennen wären. Hier sind einige wichtige Gründe, warum die Integration von maschinellem Lernen und KI in die Produktanalyse von großer Bedeutung ist:

- Bessere Vorhersagen und Erkenntnisse: Maschinelles Lernen und KI können fortschrittliche Algorithmen nutzen, um aus den gesammelten Daten präzise Vorhersagen und Erkenntnisse zu gewinnen. Die Analyse von Produktdaten wird dadurch nicht nur schneller, sondern auch genauer und aussagekräftiger, da die Algorithmen in der Lage sind, komplexe Zusammenhänge zwischen verschiedenen Variablen zu erkennen.
- Personalisierung und Individualisierung: Durch den Einsatz von maschinellem Lernen und KI können Unternehmen personalisierte

Benutzererlebnisse schaffen. Die Technologie ermöglicht es, das Verhalten und die Präferenzen einzelner Benutzer zu verstehen und darauf basierend maßgeschneiderte Empfehlungen und Funktionen anzubieten. Dadurch wird die Benutzerbindung gestärkt und die Kundenzufriedenheit erhöht.

- Echtzeit-Analyse: Eine der größten Stärken von maschinellem Lernen und KI ist die Fähigkeit, Daten in Echtzeit zu verarbeiten. Dies ermöglicht es Produktteams, sofort auf Benutzerverhalten oder -feedback zu reagieren und schnell auf Veränderungen oder Probleme zu reagieren. Echtzeit-Analyse ist insbesondere in sich schnell verändernden Märkten von entscheidender Bedeutung, um wettbewerbsfähig zu bleiben.
- Identifikation komplexer Muster: Produkte und deren Nutzung können äußerst komplex sein. Maschinelles Lernen und KI können dazu beitragen, auch verborgene oder subtile Muster im Nutzerverhalten zu identifizieren, die traditionelle Analysemethoden möglicherweise übersehen würden. Durch das Erkennen dieser Muster können Produktteams gezieltere Optimierungen und Anpassungen vornehmen.
- Automatisierung von Aufgaben: Maschinelles Lernen und KI können repetitive und zeitaufwendige Aufgaben in der Produktanalyse automatisieren. Dadurch haben Analysten mehr Zeit, sich auf strategische und kreative Aspekte der Produktentwicklung zu konzentrieren, anstatt sich mit manuellen Datenauswertungen zu befassen.
- Skalierbarkeit: Mit dem Wachstum von Datenmengen und Benutzerzahlen wird auch die Analyse komplexer. Maschinelles Lernen und KI sind in der Lage, diese Herausforderungen zu bewältigen und skalierbare Lösungen anzubieten, die sich mit dem Unternehmen weiterentwickeln können.

2. Die wachsende Bedeutung von Benutzerfeedback und Benutzerumfragen für die Produktentwicklung
Die wachsende Bedeutung von Benutzerfeedback und Benutzerumfragen hat einen maßgeblichen Einfluss auf das Thema Product Analytics. In der heutigen stark wettbewerbsorientierten Geschäftswelt steht die Kundenzufriedenheit im Mittelpunkt des Erfolgs eines

jeden Unternehmens. Kunden sind besser informiert und anspruchsvoller denn je, und ihre Meinungen und Erfahrungen spielen eine entscheidende Rolle bei der Gestaltung von Produkten, die ihren Bedürfnissen entsprechen.

In diesem Kontext haben sich Benutzerfeedback und Benutzerumfragen zu wertvollen Instrumenten entwickelt, um die Stimme der Kunden direkt einzufangen und die Produktentwicklung zu lenken. Product Analytics allein kann zwar umfangreiche Daten über das Benutzerverhalten liefern, aber es kann nicht immer alle Fragen beantworten, die für eine optimale Produktgestaltung wichtig sind. Hier kommen Benutzerfeedback und Umfragen ins Spiel, um genauere Einblicke in die Meinungen, Wünsche und Schmerzpunkte der Benutzer zu erhalten.

Durch das Sammeln von Benutzerfeedback in Echtzeit können Produktteams schnell auf die Anliegen der Benutzer reagieren und notwendige Anpassungen vornehmen. Die Integration von Benutzerfeedback und Umfragen in das Produktanalyse-Ökosystem ermöglicht es, qualitative Daten mit den quantitativen Daten aus der Produktanalyse zu kombinieren. Dies eröffnet eine ganzheitliche Sicht auf die Benutzerinteraktionen und ermöglicht es Unternehmen, umfassendere Erkenntnisse zu gewinnen.

Die ständige Kommunikation mit den Benutzern ist von entscheidender Bedeutung, um Kundenbindung und -zufriedenheit zu fördern. Mit Hilfe von Umfragen können Unternehmen gezielt nach spezifischem Feedback fragen, sei es zu neuen Funktionen, der Benutzererfahrung oder Verbesserungsvorschlägen. Benutzerfeedback und -umfragen sind ein unverzichtbares Instrument, um das Gefühl der Wertschätzung der Benutzer zu vermitteln und ihre Loyalität zu stärken.

Darüber hinaus ermöglicht die Integration von Benutzerfeedback und -umfragen in die Produktanalyse auch die Identifizierung von sich ändernden Benutzerpräferenzen und -bedürfnissen im Laufe der Zeit. Kundenanforderungen können sich rasch ändern, und es ist wichtig, diese Veränderungen kontinuierlich zu überwachen, um wettbewerbsfähig zu bleiben.

Letztendlich hilft die wachsende Bedeutung von Benutzerfeedback und -umfragen für die Produktentwicklung den Unternehmen dabei, datenbasierte und kundenorientierte Entscheidungen zu treffen. Indem sie das Feedback der Benutzer ernst nehmen und in ihre Produktstrategie einfließen lassen, können Unternehmen Produkte entwickeln, die den Bedürfnissen ihrer Zielgruppe optimal gerecht werden. Die Kombination von Produktanalyse mit Benutzerfeedback und -umfragen schafft somit eine kraftvolle Synergie, die zu einem erfolgreichen Produkt und einer starken Kundenbindung führt.

3. Die verstärkte Ausrichtung auf mobile App-Analytics, da mobile Geräte eine immer wichtigere Rolle im Alltag der Benutzer spielen
Die verstärkte Ausrichtung auf mobile App-Analytics hat einen signifikanten Einfluss auf das Thema Product Analytics. Mit der explosionsartigen Verbreitung von mobilen Geräten wie Smartphones und Tablets hat sich das Nutzungsverhalten der Verbraucher dramatisch verändert. Mobile Apps sind zu einem integralen Bestandteil des Alltags der Benutzer geworden und dienen als primärer Zugangspunkt zu digitalen Diensten, Produkten und Informationen.

Diese Verschiebung hin zur mobilen Nutzung hat eine erhöhte Nachfrage nach detaillierten Einblicken in das Benutzerverhalten auf mobilen Plattformen mit sich gebracht. Unternehmen erkennen die Bedeutung, mobilen Nutzern ein reibungsloses und optimiertes Erlebnis zu bieten, um ihre Produkte erfolgreich auf dem Markt zu positionieren.

Mobile App-Analytics ermöglicht es Unternehmen, das Verhalten der Benutzer innerhalb ihrer mobilen Apps genau zu analysieren. Durch die Produktanalyse von mobilen Apps können Unternehmen ein tiefes Verständnis dafür entwickeln, wie Benutzer mit den verschiedenen Funktionen der App interagieren, welche Funktionen am meisten genutzt werden und wo mögliche Engpässe oder Schwachstellen liegen.

Darüber hinaus spielt die Mobile App-Analytics eine entscheidende Rolle bei der Optimierung der Benutzererfahrung. Durch die Analyse der App-Nutzungsdaten können Unternehmen Muster und Trends erkennen, die es ihnen ermöglichen, die Benutzerfreundlichkeit und Leistung ihrer Apps zu verbessern. Die Identifizierung von häufigen Abbrüchen, langsamen Ladezeiten oder anderen Problemen ermöglicht es Produktteams, gezielte Maßnahmen zur Optimierung durchzuführen und die Kundenzufriedenheit zu steigern.

Die mobile App-Analytics bietet auch die Möglichkeit, die Effektivität von Marketingkampagnen und Benutzerakquisitionsbemühungen zu bewerten. Durch die Verfolgung von App-Installationen, Benutzeraktivitäten und Konversionsraten können Unternehmen den Erfolg ihrer Marketingstrategien messen und gegebenenfalls Anpassungen vornehmen, um bessere Ergebnisse zu erzielen.

Darüber hinaus ermöglicht die Ausrichtung auf mobile App-Analytics Unternehmen, ihre Produkte kontinuierlich zu verbessern und an sich ändernde Benutzerpräferenzen und -anforderungen anzupassen. Da die mobile Landschaft ständig in Bewegung ist und neue Technologien und Trends auftauchen, ist die Analyse von mobilen Daten von entscheidender Bedeutung, um wettbewerbsfähig zu bleiben und innovative Lösungen anzubieten.

Insgesamt zeigt die verstärkte Ausrichtung auf mobile App-Analytics, wie wichtig es ist, das Nutzungsverhalten der Benutzer auf mobilen Plattformen genau zu verstehen. Die mobile App-Analyse liefert wertvolle Daten und Erkenntnisse, die Unternehmen dabei unterstützen, ihre Produkte und Dienstleistungen zu optimieren, ihre Marketingstrategien zu verbessern und eine erstklassige Benutzererfahrung zu bieten. Als integraler Bestandteil der Produktanalyse ermöglicht die mobile App-Analytics es Unternehmen, auf die sich ändernden Bedürfnisse ihrer Benutzer einzugehen und ihre Position im Markt zu stärken.

3.5 Entscheidungskriterien bei der Tool-Auswahl

Ein Scoring-System zur Bewertung der richtigen Product-Analytics-Lösung kann Unternehmen dabei unterstützen, die am besten geeignete Lösung für ihre spezifischen Anforderungen zu finden. Es gibt verschiedene Kriterien, die bei der Bewertung einer Product-Analytics-Lösung berücksichtigt werden sollten.

Zu den wichtigen Bewertungskategorien gehören zunächst die Datenintegration und Erfassung. Unternehmen sollten prüfen, welche Plattformen und Datenquellen von der Lösung unterstützt werden und wie flexibel die Datenintegration gestaltet ist. Zudem ist die Einfachheit der Implementierung ein entscheidender Faktor, um den Prozess möglichst reibungslos zu gestalten.

Ein weiterer zentraler Aspekt ist die Datenanalyse und -visualisierung. Hierbei sollten die verfügbaren Analysefunktionen beachtet werden, wie beispielsweise Cohort-Analyse, Trichteranalyse und Retention-Analyse. Interaktive und benutzerfreundliche Dashboards sowie anpassbare Berichte und Visualisierungsmöglichkeiten können die Dateninterpretation erleichtern. Datensicherheit und Datenschutz sind von essentieller Bedeutung. Unternehmen müssen sicherstellen, dass die Lösung angemessene Sicherheitsmaßnahmen für Datenübertragung und -speicherung bietet und den Anforderungen der Datenschutzgesetze und -richtlinien, wie etwa der DSGVO, entspricht. Die Skalierbarkeit und Performance der Produkt Analytics-Lösung sind ebenfalls zu berücksichtigen. Die Lösung sollte bei großen Datenmengen leistungsstark sein und sich an wachsende Anforderungen anpassen lassen.

Die **Nutzerfreundlichkeit und Benutzererfahrung** spielen eine entscheidende Rolle in der Akzeptanz der Lösung. Ein benutzerfreundliches Dashboard und eine intuitive Benutzeroberfläche erleichtern die Nutzung. Ebenso ist eine gute Benutzerunterstützung und umfassende Dokumentation wichtig.

Integrationsmöglichkeiten mit anderen Tools und Plattformen wie CRM-Systemen oder Marketing-Automation sollten geprüft werden, um einen nahtlosen Workflow zu gewährleisten.

Die **Kosten und Lizenzierung der Product-Analytics-Lösung** sind ebenfalls ausschlaggebend für die Entscheidung. Hierbei sollten die Gesamtkosten, einschließlich Lizenzgebühren, Implementierungskosten und laufende Kosten, berücksichtigt werden.

Kundensupport und Schulungsangebote sind für eine erfolgreiche Nutzung der Lösung von Bedeutung. Die Verfügbarkeit von Support, sei es durch Kundendienst oder Online-Hilfe, sowie angebotene

Schulungen und Ressourcen können den Umgang mit der Lösung erheblich erleichtern.

Referenzen und Kundenbewertungen geben Einblicke in die tatsächliche Leistung und Kundenzufriedenheit der Product-Analytics-Lösung. Erfahrungsberichte und Erfolgsstories können dabei helfen, eine fundierte Entscheidung zu treffen.

Schließlich ist es wichtig, die **Zukunftsorientierung und Entwicklung der Lösung** zu betrachten. Eine kontinuierliche Weiterentwicklung und Verbesserung sowie eine transparente Roadmap und geplante Funktionsupdates zeigen, dass die Lösung langfristig relevant bleibt.

Ein zentraler Punkt kann ebenfalls der **Import von existierenden Daten** sein, um eine Datenkonsistenz und historische Vergleiche von Daten zu ermöglichen. Sofern Ihre Daten nicht in anderen Systemen, wie beispielsweise Business Intelligence-Lösungen aggregiert werden, sollte dieser Punkt auch bei Ihrer Toolauswahl in Betracht gezogen werden.

Unternehmen können die oben genannten Kategorien je nach ihren spezifischen Anforderungen unterschiedlich gewichten. Ein Scoring-System mit Bewertungsskalen von 1 bis 5 könnte dabei verwendet werden, wobei 5 die beste Bewertung darstellt. Auf dieser Grundlage können Unternehmen verschiedene Product-Analytics-Lösungen bewerten und diejenige auswählen, die am besten zu ihren Bedürfnissen passt.

3.6 Wie man in dem Markt auf dem Laufenden bleibt

Die Entwicklung im Product-Analytics-Bereich geht rasend schnell voran und es ist nicht immer einfach über alle Entwicklungen auf dem Laufenden zu bleiben. Daher empfehle ich Unternehmen in der Evaluierungsphase von Tools sich über viele tagesaktuelle Quellen zunächst einen Überblick über den momentanen Stand der Entwicklung zu machen.

Hier sind einige Quellen, die ich empfehlen würde, um über neue Technologien und Updates im Bereich Product Analytics auf dem Laufenden zu bleiben:

- **Product Analytics Weekly** ist ein Newsletter, der wöchentlich einen Überblick über die neuesten Nachrichten und Trends in der Produktanalyse bietet. Eine Anmeldung ist auf dieser Webseite möglich: https://community.canvaslms.com/
- **The Product Analytics Show** ist ein Videocast, der Analytics-Leader und Experten interviewt und immer einen guten Überblick über aktuelle Trends und Best Practices gibt. https://www.youtube.com/@TheAnalyticsShow
- **The Product Analytics Community** ist eine Slack-Community, in der Produktanalysten miteinander in Kontakt treten und über Branchennachrichten und Trends diskutieren können. Für tagesaktuelle Informationen ist diese Quelle wirklich hervorragend geeignet. Eine Anmeldung ist über folgenden Link möglich: https://www.mindtheproduct.com/product-management-slack-community/
- **Der „The Signal"-Blog von Mixpanel** ist ein Blog, der ein breites Spektrum von Themen rund um die Produktanalyse abdeckt, von Datenerfassung und -analyse bis hin zu Benutzerverhalten und Produktdesign. Natürlich sollte man bei Toolanbieter-Blogs was die Neutralität angeht immer etwas vorsichtig sein, doch finden sich hier wirklich erstaunlich viele neutrale Informationen, zum Beispiel zur Aufstellung von Measurement Frameworks oder wie man eine Analytics-Kultur in seinem Unternehmen aufbauen kann. https://mixpanel.com/blog/

Zusätzlich zu diesen Quellen können Sie sich auch auf dem Laufenden halten, indem Sie (Product)-Analytics-Thought-Leadern auf Twitter und LinkedIn folgen, Branchenpublikationen lesen und an Webinaren und Workshops teilnehmen. Hierbei empfiehlt es sich eventuell eher allgemein in Richtung (Web-) Analytics zu schauen, da es leider immer noch relativ wenige Events und Publikationen speziell zum Thema Product Analytics gibt.

3.7 Was ist ein Technology Stack?

Ein Technology Stack ist eine Sammlung von Technologien und Werkzeugen, die von einer Organisation zur Unterstützung ihrer Geschäftsprozesse und -anforderungen verwendet werden. Der Begriff „Stack" bezieht sich auf die Schichtung der verschiedenen Komponenten, von der Infrastruktur bis zur Anwendungsebene, die zusammenarbeiten, um eine bestimmte Funktionalität zu bieten.

Ein Technology Stack spielt eine zentrale Rolle im Bereich Product Analytics, da er die technische Basis für die Erfassung, Speicherung, Verarbeitung und Analyse von Daten bildet. Eine optimale Wahl des Technology Stacks kann dazu beitragen, dass Unternehmen ihre Produktanalyse effektiver und effizienter durchführen können. Auf der anderen Seite kann ein schlecht gewählter Technology Stack dazu führen, dass die Daten nicht vollständig erfasst oder unvollständig verarbeitet werden, was zu Fehlern in der Analyse führen kann.

Der Technology Stack besteht aus einer Reihe von Technologien, die in der Regel in Schichten aufgeteilt sind. Die unterste Schicht bildet dabei die Infrastruktur, auf der die Anwendungen laufen. Diese Schicht umfasst in der Regel Betriebssysteme, Datenbanken und Netzwerkkomponenten. In der nächsten Schicht befinden sich die Anwendungen selbst, die auf der Infrastruktur laufen. Diese Schicht umfasst in der Regel Datenbankanwendungen, Data Warehouses und Analytics-Tools. Die oberste Schicht des Technology Stacks bildet die Benutzeroberfläche, die den Benutzern ermöglicht, auf die Daten zuzugreifen und sie zu analysieren.

Eine wichtige Rolle des Technology Stacks im Bereich Product Analytics besteht darin, sicherzustellen, dass die Daten auf effektive und effiziente Weise erfasst und gespeichert werden. Dazu müssen die Daten in einem Format erfasst werden, das für die spätere Analyse geeignet ist. Es ist auch wichtig sicherzustellen, dass die Daten in Echtzeit erfasst werden, um eine aktuelle Analyse zu ermöglichen.

Eine weitere Rolle des Technology Stacks besteht darin, sicherzustellen, dass die Daten schnell und effizient verarbeitet werden können. Die Verarbeitung der Daten kann sehr zeitaufwendig sein, insbesondere wenn es um große Datensätze geht. Ein effektiver Technology Stack kann dazu beitragen, diese Verarbeitung zu beschleunigen und die Ergebnisse schneller bereitzustellen.

Darüber hinaus kann der Technology Stack auch dazu beitragen, dass die Daten sicher gespeichert und geschützt werden. Es ist wichtig, dass Unternehmen sicherstellen, dass ihre Daten vor unbefugtem Zugriff geschützt sind und dass sie im Falle eines Ausfalls oder einer Störung wiederhergestellt werden können.

Fazit

Die Auswahl des passenden Anbieters im Bereich Product Analytics ist ein wichtiger Prozess, der am besten anhand der eigenen Unternehmenssituation erfolgen sollte. Dabei spielen unter anderem die Untergröße, individuelle Anforderungen, das Thema Datenschutz oder auch die eigene Branche eine wichtige Rolle. Stellen Sie am besten ein eigenes Scoring-System mit den für Sie wichtigsten Kriterien auf und bewerten Sie jeden einzelnen Anbieter anhand dieser Punkte. Es gibt hier keinen One-Size-Fits-All-Ansatz. Behalten Sie bei der Auswahl die Zukunftsthemen: Maschinelles Lernen/Künstliche Intelligenz, User-Feedback-Integrationen und mobile Analytics im Blick, um eine langfristig passende Lösung für Ihre Bedürfnisse zu wählen.

Ihr Transfer in die Praxis

- Legen Sie für Sie individuell passende Kriterien für die richtige Lösung mit Ihren Teams fest.
- Erstellen Sie ein Scoring-Modell basierend auf den wichtigsten Kriterien und lassen Sie die Wichtigkeit zunächst übergreifend bewerten.
- Erstellen Sie eine Bewertung der Anbieter beruhend auf diesem Modell und verlassen Sie sich nicht auf historische Informationen. Die Anbieter erweitern ihre Funktionalitäten permanent und so sollte die Bewertung am besten auch aktuell erfolgen.
- Wählen Sie Anbieter auch passend im Hinblick auf deren Fähigkeiten in den Bereichen: KI-Verwendung, User-Feedback oder mobile App-Analytics aus

Literatur

Fullstory. (2023). Segment Export Overview. *Fullstory.* https://help.fullstory.com/hc/en-us/articles/360055602174-Segment-Export-Overview

MixPanel. (2022). MixPanel Collective Technology Partner Program – MixPanel. *Mixpanel.* https://mixpanel.com/blog/introducing-the-mixpanel-collective-for-technology-partners/. Zugegriffen: 04. Sept. 2023.

Pendo. (2021). Pendo for Customer Success. *Pendo.* https://support.pendo.io/hc/en-us/articles/360031871032-Pendo-for-customer-success. Zugegriffen: 04. Sept. 2023.

4
Datenstrategie und die Bedeutung von Daten in Unternehmen

Was Sie aus diesem Kapitel mitnehmen

- Was eine Datenstrategie ist.
- Warum jedes Unternehmen eine Datenstrategie braucht.
- Was sich hinter dem Begriff „Quantitative Reasoning" verbirgt.
- Wie sich eine Datenstrategie erarbeiten lässt und was typische Herausforderungen dabei sind.

4.1 Warum Sie eine Datenstrategie brauchen

„Eine Datenstrategie ist ein Plan, der aufzeigt, wie wir als Unternehmen Daten als Asset einsetzen, um unsere Unternehmensziele zu erreichen." (Rashedi 2022)

In diesem Zitat des bekannten Autors und Podcasters zum Thema „Data und Analytics", Jonas Rashedi, schwingen mehrere wichtige Komponenten der Bedeutung von Daten in Unternehmen mit. Einerseits spricht Rashedi von Daten als Assets, also als wahres Unternehmensvermögen, das sich mit der gängigen Meinung deckt, dass in unserer heutigen Zeit Daten „goldwert" sind und die passenden Daten einen wahren USP, also oftmals sogar mehr als ein reines Unternehmensasset bilden. Zudem schwingt mit, dass Daten planvoll in Unternehmen genutzt werden sollten. Das bedeutet, dass das reine Vorhandensein von Daten nur die halbe Miete ist, sofern diese nicht planvoll, also in der Regel strukturiert, zugänglich, konsistent und aktuell vorliegen müssen.

Des Weiteren spricht er davon, dass diese Daten eingesetzt werden, um die Unternehmensziele zu erreichen. Daraus lässt sich interpretieren, dass die Datenstrategie auf diese Ziele ausgerichtet und damit auch Teil der Unternehmensstrategie sein müssen.

Auf Grundlage dieser Erkenntnisse, würde ich die Definition einer Datenstrategie etwas weiter fassen:

Datenstrategie

Eine Datenstrategie ist ein ganzheitlicher und durchdachter Plan, der im Rahmen der Unternehmensleitung entwickelt wird und der die gesamte Nutzung von Daten innerhalb eines Unternehmens regelt und leitet. In der heutigen digitalen Ära, in der Unternehmen zunehmend datenorientiert sind und ihre Entscheidungsprozesse auf datenbasierten Erkenntnissen aufbauen, ist eine solide und effektive Datenstrategie von wesentlicher Bedeutung.

Um zu verstehen, was eine Datenstrategie ausmacht, ist es hilfreich, sie in ihre verschiedenen Komponenten zu zerlegen. An erster Stelle steht die Datenerhebung: wie, wo und wann werden Daten innerhalb des Unternehmens gesammelt? Dies könnte von einer Vielzahl von Quellen ausgehen, von Verkaufsdaten über Kundeninteraktionsdaten bis hin zu internen Prozessdaten. Eine effektive Datenstrategie erstellt durchdachte Pläne darüber, welche Daten gesammelt werden und wie sie organisiert und kategorisiert werden.

Dann kommt die Datenspeicherung: Welche Systeme und Plattformen werden verwendet, um die gesammelten Daten zu speichern? Sind die Daten sicher und können sie im Notfall wiederhergestellt werden? Und wie können die Daten am effektivsten organisiert und

4 Datenstrategie und die Bedeutung von Daten in Unternehmen

abgerufen werden? Zu berücksichtigen sind auch Fragen des Datenschutzes und der Datensicherheit, insbesondere in Bezug auf personenbezogene Daten.

Der nächste Schritt ist die Datenanalyse: Wie können die gesammelten Daten in sinnvolle Erkenntnisse umgewandelt werden, die für Geschäftsentscheidungen genutzt werden können? Dies kann die Entwicklung von Algorithmen für maschinelles Lernen, die Einstellung von Data Scientists und Analysten oder die Implementierung von Business-Intelligence-Software einschließen.

Schließlich bezeichnet die Datenverwendung wie aus den Daten gewonnenen Erkenntnisse tatsächlich zur Verbesserung des Unternehmens genutzt werden können. Dies kann von der Anpassung von Marketingstrategien auf der Grundlage von Kundenpräferenzdaten bis hin zur Identifizierung von Bereichen für operative Verbesserungen auf der Grundlage von Prozessdaten reichen.

Eine effektive Datenstrategie sollte auch den rechtlichen und regulatorischen Kontext berücksichtigen, in dem das Unternehmen tätig ist. Dies bedeutet, alle relevanten Datenschutzgesetze und -vorschriften einzuhalten, um sicherzustellen, dass personenbezogene Daten geschützt und ordnungsgemäß verwendet werden.

Zu den Bestandteilen einer guten Datenstrategie gehören auch Richtlinien und Praktiken für das Datenmanagement. Dazu gehören Verfahren zur Gewährleistung der Datenqualität, zur Integration von Daten und zur Einrichtung von Datenverwaltungssystemen. Ein wichtiger Aspekt davon ist die Sicherstellung, dass Daten korrekt, konsistent und aktuell sind.

Durch die Einbettung all dieser Elemente in eine umfassende, ganzheitliche Datenstrategie ist ein Unternehmen in der Lage, den vollen Wert seiner Daten zu erschließen, bessere und informiertere Geschäftsentscheidungen zu treffen und das Risiko von Verstößen gegen die Datensicherheit zu verringern. Eine gute Datenstrategie kann es einem Unternehmen ermöglichen, aus den Daten, die es bereits erfasst und speichert, einen strategischen Vorteil zu ziehen und dadurch seine Leistung, Effizienz und Rentabilität zu steigern.

Wie lässt sich Product Analytics in diesem Zusammenhang einordnen? Produktziele stellen einen elementaren Teil eines

Unternehmenskennzahlensystem dar, womit sich somit auch dieser Kreis schließen lässt.

4.2 Die Rolle von Daten in der Unternehmenswelt

Der bedeutende Stellenwert von Daten in der heutigen Geschäftswelt kann nicht genug betont werden. Zahllose Beispiele belegen das ständig zunehmende Interesse der Unternehmen an Informationen und Erkenntnissen, die sie dabei unterstützen, fundierte Entscheidungen auf Grundlage einer qualitativen und quantitativen Analyse zu treffen. Daten haben einen enormen Einfluss auf eine Vielzahl von Geschäftsaspekten – sei es in Bereichen wie Marketing, Finanzen, Betriebsführung oder Kundenservice.

Die wichtigste Motivation dabei fußt auf einer einfachen Fragestellung: wie können wir unsere Geschäftsprozesse verbessern? Und obwohl die Antwort auf diese Frage durchaus komplex sein kann, bieten Daten immer eine Lösung. Mithilfe der Erkenntnisse, die aus der Analyse dieser gewonnen werden, können Unternehmen fundierte Geschäftsentscheidungen treffen und ihre Leistungsfähigkeit verbessern.

Quantitatives Reasoning in Unternehmen
Quantitatives Reasoning ist eine Schlüsselkompetenz, welche heutzutage besonders gefragt ist und die dazu beitragen kann, dass Organisationen ihren Kundenservice verbessern und ihr Geschäftsmodell optimieren. Laut des Online-Mediums „Chron" ermöglicht quantitatives Reasoning eine fundierte Entscheidungsfindung basierend auf statistischen und mathematischen Analysen. Es hilft dabei, logische Schlussfolgerungen aus quantitativen Informationen zu ziehen und klare, objektive Entscheidungen zu treffen. (Small Business – Chron. com, 2018).

Unternehmen sammeln eine Vielzahl verschiedener Daten, darunter zum Beispiel Kosten, Einnahmen, Verkaufszahlen und Kundendaten – jede Information kann dabei dazu beitragen, das Wissen und Verständnis der aktuellen Geschäftslage zu verbessern. Es ist jedoch wichtig, die richtigen Tools und Methoden zur Analyse dieser Daten zu verwenden, damit sie hilfreiche Einblicke und Lösungen liefern können.

Anwendungsbereiche von quantitativem Reasoning
Unternehmen nutzen quantitatives Reasoning heutzutage in vielen Bereichen. Im Finanzbereich zum Beispiel, wo es dazu beitragen kann, Kosten zu kontrollieren, die Rentabilität zu verbessern und Investitionsentscheidungen zu unterstützen. In der Fertigung kann es zur Optimierung von Produktionsprozessen eingesetzt werden; im Vertrieb und Marketing unterstützt es die Erfolgsmessung von Kampagnen, Marktanalysen und die Bestimmung von Zielgruppen.

Die Relevanz von Kundendaten
Im Zeitalter der Digitalisierung spielt die Erkenntnis von Kundenmotiven eine immer entscheidendere Rolle für den Erfolg eines Unternehmens. Eine effektive Nutzung von Kundendaten kann dazu führen, ein tieferes Verständnis für die Bedürfnisse und Anforderungen der Kunden zu entwickeln und darauf basierend die Kundenbindungsstrategien zu optimieren. Kundenzufriedenheit und -loyalität sind entscheidende Faktoren für das Wachstum eines Unternehmens und durch datenbasierte Entscheidungen können Unternehmen gezielt auf diese Aspekte eingehen.

4.3 Die Erarbeitung einer Datenstrategie

Zur Erarbeitung der Datenstrategie bieten sich grundsätzlich drei verschiedene Herangehensweisen an. (vgl. Rashedi, 2022) Die erste ist der sogenannte Top-down-Ansatz, bei dem die übergeordnete Ebene die Strategie entwickelt und dann auf die untergeordneten Ebenen herunterbricht. Dies ermöglicht eine hohe Konsistenz in den einzelnen Teilplänen und kann schneller umgesetzt werden. Jedoch birgt dieser Ansatz auch die Gefahr, dass unrealistische Vorgaben gemacht werden, da die obere Ebene unter Umständen nicht genug Kenntnis über die spezifischen Anforderungen der unteren Ebenen hat. (vgl. Rashedi, 2022)

Eine alternative Vorgehensweise stellt der Bottom-up-Ansatz dar. Hierbei beginnt die Planung auf der untersten Ebene und wird dann an die nächsthöhere Ebene weitergegeben. Diese Methode erhöht die Motivation der Mitarbeiter und berücksichtigt die spezifischen Rahmenbedingungen der einzelnen Ebenen, wodurch die Realisierbarkeit der Strategie erhöht wird. Allerdings kann es hier zu Widersprüchen zwischen den unterschiedlichen Plänen kommen und der Zeitaufwand für die Koordination und Integration der Teilpläne ist hoch.

Welcher der beiden Ansätze besser für ein Unternehmen geeignet ist, kann nicht pauschal entschieden werden, da dies von verschiedenen Faktoren abhängt. Eine mögliche Kombination der beiden Ansätze stellt das Gegenstromverfahren dar. Hierbei gibt die übergeordnete Ebene einen groben Rahmen vor, der dann von den untergeordneten Bereichen detailliert ausgearbeitet und zur Koordination und Integration wieder nach oben geleitet wird.

Neben dem Modus der Strategieerarbeitung ist die Frage nach den zu beteiligenden Personen von hoher Bedeutung. Im Falle des Top-down-Ansatzes wäre in der Regel nur ein kleiner Kreis für die Strategieerstellung zuständig. Es kann jedoch sinnvoll sein auch untergeordnete Ebenen, etwa das mittlere Management, einzubeziehen. Dabei kann es hilfreich sein, ein Organigramm zu erstellen und diejenigen Personen zu identifizieren, die mit den später relevanten Daten arbeiten. (vgl. Rashedi, 2022)

4.4 Herausforderungen bei der Umsetzung einer Datenstrategie

Mit dem Aufkommen der Digitalisierung hat sich die Menge an generierten Daten exponentiell erhöht. Jegliche Interaktion, Transaktion und Handlung werfen Datenspuren ab, die eingefangen, analysiert und ausgewertet werden können. Damit stehen Unternehmen vor gewaltigen Chancen, aber gleichzeitig auch vor erheblichen Herausforderungen. Denn ohne eine effektive Datenstrategie ist es nahezu

4 Datenstrategie und die Bedeutung von Daten in Unternehmen

unmöglich, relevante Informationen zu erfassen, richtig zu interpretieren und treffsichere Entscheidungen zu treffen. Die Umsetzung einer solchen Strategie ist jedoch mit zahlreichen Herausforderungen verbunden, von denen wir einige im Folgenden beleuchten möchten.

Ein entscheidender Faktor für eine erfolgreiche Datenstrategie ist die Datenqualität und -integrität. Die extrem großen Datenmengen, die tagtäglich generiert werden, müssen sorgfältig erfasst, verwaltet und bereinigt werden. Denn egal, wie ausgefeilt eine Datenanalyse auch sein mag, ihre Ergebnisse sind wertlos, wenn die zugrunde liegenden Daten von schlechter Qualität sind. Fehlende oder inkorrekte Daten können zu fehlerhaften Analysen führen und das Risiko falscher Entscheidungen erhöhen. Darüber hinaus ist es von entscheidender Bedeutung, die Integrität der Daten sicherzustellen. Durch Datenmanipulationen oder -diebstahl können ernsthafte Schäden entstehen, sowohl finanziell als auch hinsichtlich des Kundenvertrauens. Hierfür sind umfängliche Sicherheitsmechanismen und regelmäßige Datenprüfungen erforderlich, die zusätzliche Ressourcen erfordern und damit zu einer zusätzlichen Herausforderung werden.

Eine weitere bedeutende Herausforderung bei einer Datenstrategie stellen Datenschutz und Compliance dar. Mit strengen gesetzlichen Bestimmungen, wie der Datenschutz-Grundverordnung (DSGVO) in der Europäischen Union, müssen Unternehmen sorgfältige Praktiken zur Datensicherheit implementieren. Persönliche Daten von Kunden, Partnern oder Mitarbeitern müssen gemäß diesen Richtlinien geschützt und verwaltet werden. Unbefugter Zugriff oder missbräuchliche Verwendung dieser Daten kann empfindliche Strafen nach sich ziehen. Darüber hinaus gibt es branchenspezifische Compliance-Anforderungen, die vor allem im Finanz- und Gesundheitswesen erhebliche Auswirkungen auf die Datenstrategie haben können. Diese gesetzlichen Rahmenbedingungen und Vorschriften zu erfüllen, kann für Unternehmen eine große Herausforderung sein.

Hinzukommt der Mangel an Datenkompetenz, der eine zusätzliche Hürde für viele Unternehmen darstellt. Die Umsetzung einer erfolgreichen Datenstrategie erfordert umfangreiches Fachwissen in den Bereichen Datenanalyse, Datenmanagement und Dateninterpretation. Dies umfasst Kenntnisse in Programmiersprachen, maschinellem

Lernen, künstlicher Intelligenz und statistischen Analysemethoden. Leider mangelt es in vielen Firmen an solchen spezifischen Fähigkeiten, wodurch die Durchführung anspruchsvoller Datenanalysen und die Implementierung datengesteuerter Entscheidungsprozesse behindert wird. Dieser Mangel an Datenkompetenz kann nur durch gezielte Fortbildung, Rekrutierung von Fachkräften oder die Zusammenarbeit mit spezialisierten Dienstleistern überwunden werden.

Zuletzt darf der Widerstand gegen Veränderungen innerhalb des Unternehmens nicht unterschätzt werden. Die Einführung einer Datenstrategie bedeutet oft eine grundlegende Änderung der Unternehmenskultur und Arbeitsweise. Dies kann bei den Mitarbeitern Angst und Unsicherheit hervorrufen und zu Widerständen gegen die Veränderung führen. Um dieses Hindernis zu überwinden, ist es von entscheidender Bedeutung, die Mitarbeiter frühzeitig in den Prozess einzubinden, ihre Ängste ernst zu nehmen und kontinuierliche Schulungen anzubieten.

Zusammengefasst sind die Umsetzung einer Datenstrategie und das Navigieren durch den Dschungel von Daten eine komplexe Aufgabe, die eine Vielzahl von Herausforderungen mit sich bringt. Unternehmen, die jedoch bereit sind, diese Herausforderungen anzugehen, die richtigen Ressourcen bereitstellen und kontinuierlich in ihre Datenstrategie investieren, haben die Möglichkeit, die verborgenen Schätze in ihren Daten zu entdecken und von den vielfältigen Vorteilen einer datengesteuerten Unternehmensführung zu profitieren.

Data Governance

In der heutigen immer mehr von Daten getriebenen Welt ist Data Governance zu einem Schlüsselelement für den Erfolg eines Unternehmens geworden. Dieser systematische Ansatz zur Verwaltung und Nutzung von Unternehmensdaten stellt sicher, dass qualitativ hochwertige Daten effizient für strategische Geschäftsentscheidungen genutzt werden können. Die Vorteile, die sich aus einer effektiven Data Governance ergeben, können die Rentabilität, Betriebseffizienz und langfristige Stabilität eines Unternehmens erheblich verbessern.

Ein Kernmerkmal und Vorteil von Data Governance ist die Verbesserung der Datenqualität. Mit einer wirksamen Data-Governance-Strategie gewährleisten Unternehmen, dass ihre Daten genau, konsistent

4 Datenstrategie und die Bedeutung von Daten in Unternehmen

und zuverlässig sind – alle entscheidende Attribute für effektive Geschäftsentscheidungen. Ein konsequentes Datenmanagement hilft, Ineffizienzen, Ressourcenverschwendung und Probleme bei der Entscheidungsfindung zu vermeiden, die durch unvollständige oder inkonsistente Daten entstehen können. Es stellt sicher, dass die bereitgestellten Daten in einem für den beabsichtigten Zweck geeigneten Format sind, und eliminiert Abweichungen und Widersprüche, die zu Fehlinterpretationen und daher möglicherweise zu fehlerhaften Geschäftsentscheidungen führen könnten. (siehe Abb. 4.1).

Abgesehen von der Verbesserung der Datenqualität unterstützt Data Governance auch die Einhaltung von Branchenvorschriften und Gesetzen. Zahlreiche Branchen sind stark reguliert und erfordern, dass Unternehmen ihre Datenverwaltungstechniken und -praktiken offenlegen und demonstrieren, dass sie gemäß den jeweilgen Anforderungen handeln. Durch die Implementierung eines strukturierten Data-Governance-Prozesses können Unternehmen Compliance-Anforderungen erfüllen und ihre Konformität nachweisen. Dies schützt

Abb. 4.1 Abbildung des Data Governance Prozesses. (Quelle: eigene Darstellung in Anlehnung an Lynnemurray, 2020)

das Unternehmen vor möglichen Strafen, Rufschädigungen und verlorenen Geschäftsmöglichkeiten, die sich aus Verstößen gegen die Vorschriften ergeben könnten.

Darüber hinaus reduziert Data Governance die Risiken, die mit Datenmanagement verbunden sind (Lynnemurray, 2020). Mit einem klaren Überblick über die Datenversorgung und -nutzung und spezifischen Kontrollen für den Datenzugriff können Unternehmen Datenverlusten und Sicherheitsverletzungen entgegenwirken. Durch strenge Data-Governance-Richtlinien und -Verfahren können Datenrisiken frühzeitig identifiziert und angegangen werden, um bessere Datenschutzmechanismen sicherzustellen.

Fazit

Eine Datenstrategie bezeichnet einen allumfassenden, sorgfältig durchdachten Plan, der dazu dient, Daten als wertvolles Gut zur Erreichung der Unternehmensziele einzusetzen. Es ist von besonderer Bedeutung, dass Daten in einer systematischen und vorausschauenden Weise genutzt und fest in die Gesamtstrategie des Unternehmens integriert werden. Eine umfassende und effektive Datenstrategie beinhält mehrere wichtige Elemente, darunter die Erhebung von Daten, deren fachgerechte Speicherung, eine sorgfältige Analyse und eine zielgerichtete Verwendung dieser Daten. Gleichzeitig wird in einer durchdachten Datenstrategie auch der rechtliche und regulatorische Kontext berücksichtigt, womit beachtet wird, dass bestimmte rechtliche und behördliche Anforderungen erfüllt werden müssen. Dafür werden in der Datenstrategie Richtlinien und Verfahren für das Datenmanagement festgelegt.

Eine gut durchdachte, strategisch effektive Datenstrategie ermöglicht es Unternehmen, den gesamten Wert, den ihre Daten darstellen, vollständig auszuschöpfen und dadurch ihre gesamte operative und strategische Leistung zu verbessern. Hierbei nimmt Produkt-Analytik eine entscheidende Rolle ein, da sie einen wichtigen Beitrag zur Datenstrategie leistet. Daten erfreuen sich in der heutigen Unternehmenswelt eines hohen Stellenwertes und sind eine tragende Säule für fundierte und wohlüberlegte Entscheidungen. Quantitatives Reasoning wird als eine Schlüsselkompetenz angesehen, welche Unternehmen die Möglichkeit bietet, Entscheidungen auf Grundlage von Daten zu treffen und stetig ihre Prozesse und Abläufe zu optimieren.

Insbesondere Daten über Kunden sind von besonderer Relevanz und können durch eine datengestützte Entscheidungsfindung dazu beitragen, die Bindung zum Kunden zu stärken und die Zufriedenheit der Kunden zu optimieren. Bei der Erstellung und Umsetzung einer Datenstrategie ist es wichtig, verschiedene Ansätze zu berücksichtigen und die richtigen Personen in den Prozess einzubeziehen. Dabei können natürlich auch Herausforderungen auftreten, z. B. Fragen zu Datenqualität, Datenschutz, Datenkompetenz und der Widerstand der Beteiligten gegenüber Veränderungen.

> **Ihr Transfer in die Praxis**
> - Implementieren Sie eine Datenstrategie, die als grundlegender Plan dient, wie Daten systematisch zur Erreichung von Unternehmenszielen genutzt werden.
> - Gestalten Sie Ihre Datenstrategie ganzheitlich, indem Sie alle Aspekte vom Sammeln über Speichern bis hin zur Analyse und Anwendung von Daten berücksichtigen.
> - Nutzen Sie quantitatives Reasoning und die effektive Nutzung von Kundendaten, um fundierte Geschäftsentscheidungen zu treffen und Geschäftsprozesse zu verbessern.
> - Wählen Sie einen passenden Ansatz zur Ausarbeitung Ihrer Datenstrategie und beziehen Sie alle relevanten Stakeholder in den Prozess ein.
> - Seien Sie sich der Herausforderungen bei der Umsetzung einer Datenstrategie bewusst und arbeiten Sie kontinuierlich an der Überwindung dieser, um den vollen Wert Ihrer Daten zu nutzen.

Literatur

Lynnemurray. (2020). *What is Data Governance | Frameworks, Tools & Best Practices | Imperva*. Learning Center. https://www.imperva.com/learn/data-security/data-governance. Zugegriffen: 04. Sept. 2023.

Rashedi, J. (2022). *Das datengetriebene Unternehmen: Erfolgreiche Implementierung einer data-driven Organization*. Springer Gabler.

Small Business – Chron.com. (2018). What are the functions of business research? https://smallbusiness.chron.com/functions-business-research-43165.html. Zugegriffen: 04. Sept. 2023.

5 Implementierung von Product Analytics

> **Was Sie aus diesem Kapitel mitnehmen**
>
> - Wie man methodisch bei der Implementierung von Product Analytics vorgehen sollte.
> - Was Best Practices bei der Implementierung von Product Analytics in die IT-Infrastruktur sind.
> - Warum Datenmodellierung ein wichtiger Schritt bei der Implementierung von Product Analytics ist.
> - Wie A/B-Tests dabei helfen können, Produkte zu verbessern und wie sie durchgeführt werden.
> - Was Feature Toggles sind und wie sie bei der Entwicklung von Softwarefunktionen eingesetzt werden können.

5.1 Planung und Vorbereitung der Implementierung

Der Implementierungsprozess stellt gerade Unternehmen mit vielen Interessensgruppen und Mitarbeitern vor größere Herausforderungen. Eric H. Kim hat in einem Blogbeitrag einen spannenden Empfehlungskatalog aufgestellt, der folgende Punkte beinhaltet: (Kim, 2021)

1. Schaffe eine intuitive Erfahrung
Er betont in seinem Text, dass eine intuitive Erfahrung geschaffen werden soll. Dazu rät er, zunächst die Bedürfnisse, Anwendungsfälle und wichtigen Kennzahlen der Organisation zu verstehen, sowie die insgesamt aufgebaute Reportinfrastruktur zu berücksichtigen, um eine effektive Planung zu ermöglichen. Bevor man startet, sollte man laut Kim die Erwartungen klären, um mögliche Enttäuschungen zu vermeiden, falls bestimmte Funktionen nicht umsetzbar sind.

Sobald alle Beteiligten ein einheitliches Verständnis davon haben, was Product Analytics ist und was nicht, empfiehlt er, sich auf die Schaffung einer herausragenden Benutzererfahrung zu konzentrieren. Aus seiner Erfahrung weiß er, dass das Vertrauensniveau der Analytics-Benutzer entweder sehr hoch oder sehr niedrig ist, daher betont er die Wichtigkeit von Liebe zum Detail und klaren Erwartungen bezüglich der Funktionalitäten.

Kim legt großen Wert darauf, dass die Erfahrung des Abfragens, Analysierens und Visualisierens von Daten einfach und verständlich sein sollte. Dafür ist es unerlässlich, das UI/UX des implementierten Analysetools genau zu verstehen, um die richtigen Entscheidungen bei der Planung zu treffen. Er hebt die Merkmale einer exzellenten Erfahrung hervor, wie aussagekräftige Kennzahlen, vertrauenswürdige Daten und das Eliminieren von unnötigem Ballast.

Abschließend spricht Kim davon, wie wichtig eine sorgfältige und verbindliche Datenverwaltung, die kontinuierliche Anstrengungen erfordert, wie klare und aktuelle Dokumentation, die Verwendung einer natürlichen und selbsterklärenden Benennung von Ereignissen und Eigenschaften sowie die Verwendung konsistenter Muster und Taxonomien sind.

2. Gehe methodisch vor
Kim betont die Bedeutung einer effektiven Datenverwaltung durch die Planung einer einfachen und skalierbaren Informationsarchitektur. Er erklärt, dass Designentscheidungen dabei von der Natur des Unter-

nehmens, der Produkte, der Analysebenutzer und der Anwendungsfälle bestimmt werden sollten. Laut Eric H. Kim sind Produktanalysetools speziell darauf ausgerichtet, die bestmögliche Erfahrung bei der Analyse von Ereignissen und den damit verbundenen Nutzern zu bieten.

In seinem Text gibt Kim einige wichtige Tipps, um eine ausgewogene Datenstruktur zu gewährleisten. Er warnt davor, zu abstrakt zu werden und rät dazu, sich auf das Natürliche zu konzentrieren. Bei der Gestaltung der Ereignisnamen, Eigenschaftsnamen und Werte empfiehlt er, eine klare und konsistente Struktur zu verwenden und diese wie eine Geschichte zu lesen, die sich auf den Benutzer und seine Aktionen bezieht, nicht auf die Eigenschaften des Produkts.

Ein weiterer Punkt, den Kim anspricht, ist die Vermeidung von vorzeitigen Optimierungen und das gezielte Einbeziehen von Benutzerdaten, um Ereignissen einen reichen Kontext zu verleihen. Er betont die Wichtigkeit der Präzision bei der Festlegung von Ereignissen, um Verwechslungen zu vermeiden.

Schließlich erinnert Kim daran, dass dies ein gemeinsamer Prozess ist, bei dem das Feedback und die Zustimmung von verschiedenen Abteilungen wie Ingenieuren, Analysten, Marketing, Kundensupport und Führungskräften eingeholt werden sollten, um sicherzustellen, dass alle Beteiligten die gleiche Sprache sprechen und die Datenstruktur kontinuierlich verbessert wird. Er fordert dazu auf, andere über die Änderungen zu informieren und sie zu schulen, um sicherzustellen, dass die Anstrengungen nicht nur theoretisch bleiben.

3. Dokumentiere alles
Kim überzeugt alle Beteiligten, sich vor Beginn des Prozesses einzubringen. Er erstellt und pflegt eine einzige Google-Tabelle mit wichtigen Details zu den Ereignissen, wie Name, Auslöser, Status, zugehörigen Eigenschaften und möglichen Werten für die Eigenschaften, einschließlich der Datenstruktur.

Falls erforderlich, nutzt Kim optionale visuelle Dokumentation, manchmal in Verbindung mit einer App-Karte, um Ereignisse und ihre Auslöser zu veranschaulichen. (siehe Abb. 5.1) Unabhängig vom Ansatz hält er alle Informationen auf dem neuesten Stand und fügt ein „Aktualisiert"-Datum oben im Dokument hinzu.

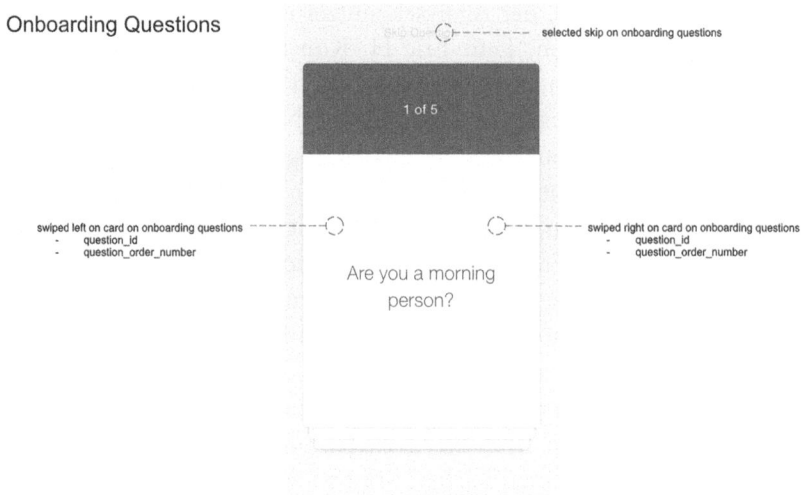

Abb. 5.1 Beispiel einer Mapping-Visualisierung von Eric H. Kim. (Quelle: Kim, 2021)

4. Nutze einen repetitiven und konsistenten Implementierungsprozess

Kim integriert Analytics in seinen Produktprozess auf jeder Stufe, einschließlich der Erweiterung des Umfangs einer sogenannten „User Story" mit der Entwickler Hintergründe zum Anwendungszweck von technischen Implementierungen festhalten. Er empfiehlt einen Abschnitt unter den Akzeptanzkriterien hinzuzufügen, der Events definiert (und/oder einzelne Aufgaben pro Event auf dem Ticket erstellt).

Priorität und Implementierungsstatus werden in der Google-Tabelle (für das Produkt) verfolgt, während die Implementierungsanforderung in einer User Story (für die Entwickler) dokumentiert wird.

Kim arbeitet mit Partnern und Stakeholdern zusammen, um Schlüsselmetriken (Key Metrics) zu priorisieren (z. B. auf einer Skala von Hoch/Mittel/Niedrig), und ermutigt dann einen schnellen Durchlauf der gesamten User Journey (des Prozesses des Users im Produkt), um Ereignisse mit hoher Priorität zu implementieren. Dann macht das Team eine weitere schnelle Iteration durch die Nutzer-Erfahrung, um die mittleren Prioritäten zu decken. Ein häufiger Fehler ist, sich in der Verfolgung von allem in einem einzelnen Teil der Nutzer-Erfahrung zu verzetteln. Versuchen Sie, sich an die Disziplin zu halten, kleine Chargen der Ereignisse mit der höchsten Priorität zu veröffentlichen und dann schnell nachzulegen. Ihre Analytics-Kennzahlen sind nur so gut wie Ihre Analytics-Trackingabdeckung und ein wichtiges Ziel ist es, blinde Flecken zu eliminieren.

Wenn Sie die Analytics-Abdeckung bei Feature-Releases nicht einbeziehen, akkumulieren Sie Tracking-Probleme. Die Produktarbeit endet nicht, sondern beginnt, wenn eine Funktion veröffentlicht wird. Dies entspricht der Entwicklungsphilosophie, dass sich Entwicklungs-Schulden (Tech Debt) akkumulieren, wenn eine Funktion ohne Testabdeckung veröffentlicht wird. Genau wie beim Codieren ist es ein häufiger Fehler, Analytics als „einmal und nie wieder" zu behandeln. Qualitativ hochwertige Nutzereinblicke (User Insights) sind das Ergebnis eines kontinuierlichen, methodischen Prozesses, nicht heroischer, einmaliger Anstrengungen.

5. Nutze qualitativ hochwertiges Coding
Kim schätzt die Wichtigkeit der Batch-Implementierung von Events, die von den Entwicklern gesteuert werden sollte. Es gibt verschiedene Ansätze, wie mehrere Events gleichzeitig implementiert werden können: Entweder können die Events mit jedem Feature Release (also sprich: Produktupdate) nachgehalten werden, oder es kann eine separate User Story erstellt werden, um viele Ereignisse auf einmal zu erledigen. Die Entscheidung hängt davon ab, wie der Kontextwechsel möglichst minimiert werden kann, zum Beispiel wenn sich ein Entwickler bereits in einem bestimmten Bereich des Codebase befindet. Da Entwickler naturgemäß knappe Ressourcen in Unternehmen sind, sollte der Implementierungsablauf so effizient wie möglich und daher so fokussiert wie nötig für die Entwickler stattfinden.

Um die Entwickler zu unterstützen, empfiehlt Kim, die Dokumentation eines Product-Analytics-Tools sorgfältig zu lesen. Dadurch wird ein besseres Verständnis für die Eigenheiten des SDK (Software Development Kit) ermöglicht und Probleme können behoben werden, wenn es Unterschiede zwischen erwartetem und tatsächlichem

Verhalten gibt. Hier sollten Analytics-Fachleute und das Entwicklerteam Hand in Hand arbeiten und möglichst viel gegenseitiges Verständnis mitbringen und schaffen.

Einige Tools behaupten möglicherweise, bestimmte Formatierungen in Event-Namen oder Eigenschaftswerten zu unterstützen, tun dies aber in Wirklichkeit nicht. Kim empfiehlt als Best Practise, eine Dokumentation zu erstellen, die eine konsistente Implementierung festhält und für alle verständlich erläutert, wie zum Beispiel die Umwandlung aller Texte im Code in Kleinbuchstaben.

Es mag verlockend sein, Ereignisse auf der Backend-Seite zu tracken, aber viele Tools sind darauf ausgelegt, Benutzerereignisse auf der Frontend-Seite zu erfassen, um benutzer-bezogene Metadaten automatisch zu übergeben. In der Regel sollte die Interaktion der Benutzer mit dem Produkt auf der Frontend-Seite verfolgt werden, während Transaktionen und Zustandsänderungen auf der Backend-Seite erfasst werden.

Kim weist darauf hin, dass das Erfassen der absoluten Werte von Benutzeraktionen andere gewünschte Metriktypen ermöglichen. Beispiele hierfür sind:

1. **Absolute Werte:** Tracking der Anzahl eindeutiger Registrierungen (#) und Besucher (#).
2. **Relative Werte:** Dadurch kann eine berechnete Metrik wie die Registrierungsrate (%) = Registrierungen/Besucher angezeigt werden.
3. **Finanzielle Werte:** Es ermöglicht auch die Berechnung der Kosten pro Registrierung = Gesamtausgaben ($) / Registrierungen.

Kim betont, dass es besser ist, abgeleitete Metriken im Product-Analytics-Tool selbst zu berechnen und nicht im Code, um mehr Flexibilität zu gewährleisten.

6. Vergiss nicht die QA

Die Qualitätssicherung (QA) mag zwar ein für viele unbequemes Thema sein, doch gerade bei Analytics-Systemen ist sie lebenswichtig. Kim spricht über die Probleme mit der Disziplin im Prozess der Qualitätssicherung (QA). Um solche Probleme zu vermeiden, empfiehlt Kim,

Testanalysen auf Genauigkeit und Präzision vor der Veröffentlichung in einer Entwicklungs-Umgebung durchzuführen und dann erneut nach dem Release im Live-System zu testen. Wenn ein Schritt übersprungen wird, könnten Datenqualitätsprobleme auftreten und das Vertrauen in die Daten weiter unten beeinträchtigen (denken Sie daran, dass Vertrauen entweder bei 99 % oder 0 % liegen kann).

Kim betont, dass das Entwicklungsteam vor der Akzeptanzprüfung gründlich testen sollte, und auch der Product Owner sollte vor und nach der Veröffentlichung erneut testen. Für zusätzliche Sicherheit empfiehlt Kim, daran zu denken, die Daten erneut zu überprüfen, nachdem genügend Daten angesammelt wurden, um die Genauigkeit zu checken. Hierbei sollte die Genauigkeit durch den Vergleich mit anderen Datenquellen überprüft werden (z. B. Produktionsdatenbanken/BI-Tools, qualitative Daten, persönliche Einschätzung).

7. Perfektion durch Iteration
Kim's Priorität liegt auf der kontinuierlichen Verbesserung der Operations und bedauert, dass diese Perspektive oft vernachlässigt wird. Es ist entscheidend, Product Analytics als langfristige Investition zu betrachten, da die Qualität der Daten zu Beginn recht unterschiedlich sein kann. Im Laufe der Zeit wird Kims Team herausfinden, welche Variationen der Metriken am aussagekräftigsten sind und wie sie die Genauigkeit und Präzision optimieren können.

Kim rät dazu, mit einfachen Maßnahmen zu beginnen und dann schrittweise anspruchsvollere Methoden anzuwenden. Wenn es beispielsweise darum geht, Registrierungen zu tracken, sollte man zunächst nur einzelne Registrierungen erfassen. Anschließend können sie Spam, Entwicklertestaktivitäten und versehentliche Duplikate durch Benutzer herausfiltern. Dieser iterative Prozess der Verbesserung sollte kontinuierlich fortgesetzt werden.

8. Tue Gutes… und nimm alle mit!
Kim verfolgt das Ziel einer datengetriebenen Kultur und ermutigt dazu, die Nutzung des Tools aktiv zu fördern. Um dies zu erreichen, empfiehlt er, ansprechende und benutzerfreundliche Dashboards, Diagramme und Analysen einzurichten und individuelle Unterstützung in der gesamten

Organisation anzubieten. Kim legt großen Wert darauf, sorgfältig ausgewählte Leistungskennzahlen für die „offiziellen" Organisationsziele und -metriken zu erstellen, ermöglicht aber auch den Teams und Einzelpersonen, ihre eigenen Analysen zu erstellen.

Neben Gruppentutorials ist es ihm wichtig, viele persönliche Einzelsitzungen abzuhalten, um die Menschen mit dem Tool vertraut zu machen. Vor den Treffen bittet er die betreffende Person, eine Liste von Lernzielen zu erstellen, damit reale Anwendungsfälle besprochen werden können. Indem Kim auf diese Weise vorgeht, fördert er eine effektive Nutzung des Tools und unterstützt die Mitarbeiter dabei, Daten in ihren täglichen Aufgaben sinnvoll einzusetzen.

5.2 Integration in die IT-Infrastruktur

Zunächst sollten wir definieren, was wir unter einer IT-Infrastruktur, bzw. einem Tool-Stack verstehen. Ein Tool-Stack ist eine Kombination von Softwareprodukten und -diensten, die zusammenarbeiten, um einem Unternehmen zu helfen, seine Ziele technisch gestützt zu erreichen. Dies kann CRM-Systeme, Marketingautomatisierung, Analyseplattformen und andere Technologien umfassen. Die Ausprägungen von Tool-Stacks in Unternehmen können stark variieren, abhängig von Faktoren wie der Unternehmensgröße, der Branche, den spezifischen Geschäftsanforderungen und der verfügbaren technologischen Infrastruktur.

Je nach Art des Tool-Stacks kann die Implementierung von Product Analytics unterschiedlich erfolgen. In einigen Fällen kann es einfacher sein, neue analytische Funktionen zu integrieren, insbesondere, wenn der Stack bereits ausgereifte Analysetools enthält. In anderen Fällen kann es eine größere Herausforderung sein, beispielsweise wenn ein Unternehmen noch keine robusten Dateninfrastrukturen hat oder wenn es schwierig ist, Product-Analytics-Daten aus bestehenden Systemen zu extrahieren.

Um Product Analytics in bestehende Tool-Stacks zu integrieren, sollten Unternehmen einige grundlegende Schritte befolgen. Der erste Schritt ist die Identifizierung der Datenquellen, die für die Analyse relevant sind. Diese könnten interne Daten aus verschiedenen Geschäftsbereichen sowie externe Datenquellen umfassen. Der nächste Schritt ist die Integration dieser Daten, was oft durch den Einsatz von Datenintegrationsplattformen oder -services erreicht wird. Diese Werkzeuge ermöglichen es Unternehmen, Daten aus verschiedenen Quellen zu sammeln und in ein einheitliches Format zu bringen, das dann analysiert werden kann.

Bei der Integration der Product-Analytics-Daten gibt es im Wesentlichen drei mögliche Optionen:

Direkte Integration
Einige Product-Analytics-Tools bieten direkte Integrationen mit anderen beliebten Tools an, wie beispielsweise Ihrem CRM-Tool oder Marketingautomatisierungsplattformen wie Hubspot etc. Dies kann es einfacher machen, Benutzeraktivitäten über verschiedene Kanäle zu verfolgen.

Individuelle Integration
Wenn Ihr ausgewähltes Tool keine direkte Integration mit Ihren anderen Tools bietet, können Sie eine individuelle Integration mit einer API erstellen. Dies kann komplexer sein, bietet Ihnen jedoch mehr Flexibilität. Moderne Product-Analytics-Tools verfügen in der Regel über APIs, die in eigene Tools und Prozesse integriert werden können.

Datenexporte
Wenn Sie Ihr Product-Analytics-Tool nicht mit Ihren anderen Tools integrieren möchten, können Sie die Daten exportieren und in ein anderes Tool importieren. Dies ist die am wenigsten flexible Option, aber die einfachste in der Einrichtung.

5.3 Die Rolle der Datenmodellierung

Datenmodellierung im Analytics-Bereich ist ein Prozess, bei dem Datenstrukturen so organisiert und verwaltet werden, dass sie in den Analytics-Tools optimal genutzt werden können. Dieser Prozess umfasst mehrere Schritte und ist bei der Implementierung Ihres Product-Analytics-Tools von entscheidender Bedeutung:

1. **Identifikation der Anforderungen:** Vor Beginn des Datenmodellierung ist es wichtig, die Anforderungen des Analyseprojekts zu verstehen. Das Team muss wissen, welche Daten benötigt werden, welche Fragen beantwortet werden sollen und wie die Daten präsentiert werden sollen.
2. **Daten sammeln:** Im nächsten Schritt werden die benötigten Daten gesammelt. Dies kann aus internen oder externen Quellen erfolgen, einschließlich Datenbanken, APIs, Web-Scraping und mehr.
3. **Daten bereinigen:** Nicht alle gesammelten Daten sind sofort nutzbar. Es kann notwendig sein, die Daten zu bereinigen, indem Duplikate entfernt, fehlende Werte behandelt und Fehler korrigiert werden.
4. **Daten strukturieren:** Nachdem die Daten bereinigt wurden, müssen sie in eine geeignete Struktur gebracht werden. Dies kann das Erstellen von Tabellen, das Verknüpfen von Datensätzen und das Formatieren von Daten beinhalten.
5. **Modell erstellen:** Unter Verwendung statistischer oder maschineller Lernalgorithmen wird ein Modell erstellt, das die Daten repräsentiert. Dieses Modell kann dann verwendet werden, um Erkenntnisse zu gewinnen, Vorhersagen zu treffen und Entscheidungen zu treffen.
6. **Modell testen und verfeinern:** Nachdem das Modell erstellt wurde, muss es getestet und verfeinert werden. Dies kann das Überprüfen der Leistung bei der Beantwortung der ursprünglichen Fragen beinhalten und das Anpassen des Modells basierend auf den Ergebnissen.

Datenmodellierung stellt einen entscheidenden Schritt bei der Entwicklung jeder Softwareanwendung dar, die Daten speichern und abrufen muss. Dabei gilt es folgende Begrifflichkeiten zu beachten: (Goel, 2021).

Datenmodell

Ein Datenmodell ist eine grafische oder textliche Darstellung der Daten, die in einer Datenbank gespeichert werden. Es zeigt die Beziehungen zwischen den verschiedenen Datenelementen sowie die Regeln, die bestimmen, wie die Daten manipuliert werden können.

Entität

Eine Entität ist ein reales Objekt oder Konzept, das in einem Datenmodell dargestellt wird. So könnte beispielsweise eine Entität in einer Verkaufsdatenbank ein Kunde, Produkt oder eine Bestellung sein.

Attribut

Ein Attribut ist eine Eigenschaft einer Entität. Beispielsweise könnten die Attribute einer Kundeneinheit den Namen, die Adresse und die Telefonnummer umfassen.

Beziehung

Eine Beziehung ist eine Verbindung zwischen zwei Entitäten. Beispielsweise könnte eine Kundeneinheit eine Beziehung zu einer Bestelleinheit haben, die darauf hindeutet, dass der Kunde die Bestellung aufgegeben hat.

Dabei sind drei Hauptphasen des Datenmodellierungsprozesses von entscheidender Bedeutung:

1. **Datenidentifikation:** Diese Phase beinhaltet die Identifizierung der Daten, die in der Datenbank gespeichert werden müssen.
2. **Datenmodellierung:** In dieser Phase wird ein Datenmodell erstellt, das die Beziehungen zwischen den verschiedenen Datenelementen darstellt.
3. **Datenimplementierung:** Hierbei werden die Datenbanktabellen und -spalten auf Basis des Datenmodells erstellt. Datenmodellierung ist ein wichtiger Teil des Softwareentwicklungsprozesses. Durch die Erstellung eines gut durchdachten Datenmodells kann man sicherstellen, dass die Datenbank effizient, skalierbar und benutzerfreundlich ist.

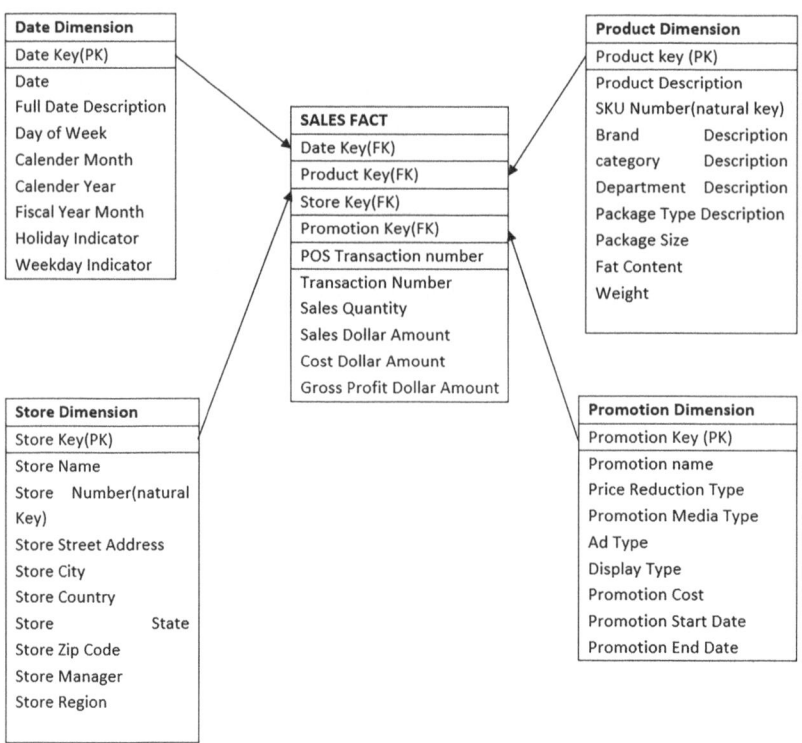

Abb. 5.2 Beispiel eines Datenmodells. (Quelle: Goel, 2021)

Es gibt viele verschiedene Arten von Datenmodellen, die jeweils ihre eigenen Stärken und Schwächen haben. Die gebräuchlichste Art von Datenmodell ist das relationale Datenmodell, das von den meisten kommerziellen Datenbanken verwendet wird. Außerdem gibt es auch viele verschiedene Datenmodellierungswerkzeuge, sowohl kommerzielle als auch Open-Source. Diese Werkzeuge können Ihnen dabei helfen, Datenmodelle zu erstellen und zu visualisieren (Abb. 5.2).

Best Practices helfen Ihnen bei der Generierung eines eigenen Datenmodells. Dazu gehören die Verwendung klarer und prägnanter Namen für Datenelemente, das Vermeiden von doppelten Daten und die Verwendung von Normalisierung zur Reduzierung von Datenredundanz.

5.4 Product Analytics, A/B-Tests und Feature Toogles

A/B-Testing

A/B-Tests sind eine entscheidende Methode für Produktanalysten, um Verbesserungen bei der Erstellung und Optimierung von Produkten zu erzielen. Sie ermöglichen es Analysten, Hypothesen in der Produktentwicklung auf wissenschaftliche Weise zu überprüfen und zu validieren. Anhand einer A/B-Testmethode können wertvolle Einblicke gewonnen werden, um Funktionen zu implementieren, die die Benutzerakzeptanz und das Engagement erhöhen. (Yu, 2022)

Ein A/B-Test prüft das Benutzerverhalten durch Vergleich von zwei unterschiedlichen Bedingungen. Hierbei wird eine Kontrollgruppe mit einer Testgruppe konfrontiert. Jede Gruppe bekommt eine andere Version des Produkts präsentiert. Die Reaktionen der Benutzer auf diese verschiedenen Produktversionen werden dann analysiert. Durch Vergleich dieser Reaktionen können wir bestimmen, welche Produktvariante effektiver ist. Dies gibt uns ein klares Bild davon, wie verschiedene Elemente des Produkts auf unsere Benutzer wirken.

Es ist wichtig zu betonen, dass der Weg zu einem überlegenen Produkt auf soliden datenwissenschaftlichen Analysen und fundierten Entscheidungsprozessen basiert. Es ist kein Raum für wildes Raten oder Intuitionen. A/B-Tests sind somit ein Schlüsselwerkzeug in diesem Prozess, durch dessen Verwendung wir sicherstellen können, dass unsere Entscheidungen auf realen Daten und Benutzerfeedback basieren.

Um aber wirklich effektive A/B-Tests durchführen zu können, müssen wir als Produktanalysten eine Reihe von Aspekten verstehen und diese in unsere Arbeit einfließen lassen. Dazu gehören unter anderem die Formulierung von Hypothesen, die Auswahl der richtigen Metriken, die Bestimmung der optimalen Stichprobengröße, die Segmentierung der Benutzer und natürlich die kompetente Analyse und Interpretation der Ergebnisse.

Beim Aufstellen von Hypothesen müssen wir zielgerichtet sein. Wir müssen klar definieren, was wir testen möchten, und uns auf spezifische Veränderungen konzentrieren, die wir im Benutzerverhalten erwarten würden. Es ist unsere Aufgabe, diese Hypothesen sorgfältig zu formulieren und zu prüfen, um sicherzustellen, dass unsere Tests wertvolle und verwertbare Ergebnisse liefern.

In Bezug auf die Auswahl der richtigen Metriken müssen wir sicherstellen, dass wir die Metriken wählen, die zu unseren Zielen und Hypothesen passen, und diese kontinuierlich überwachen. Die Entscheidung für die richtige Stichprobengröße ist ebenfalls von entscheidender Bedeutung und hängt von der erwarteten Effektgröße und der Variabilität innerhalb unserer Daten ab.

Ein weiterer wichtiger Aspekt ist die Segmentierung der Benutzer. Wir müssen sicherstellen, dass unsere Kontroll- und Testgruppen gut definiert und unterteilt sind, um genaue und relevante Ergebnisse zu erzielen. Zum Schluss müssen wir die gesammelten Daten sorgfältig analysieren und interpretieren.

Indem wir diese Elemente in unseren Ansatz zur Produktanalyse integrieren und A/B-Testing effektiv einsetzen, sind wir besser gerüstet, um nicht nur unsere Produkte zu verbessern, sondern auch zum gesamten Erfolg des Unternehmens beizutragen. Unsere Rolle als Produktanalysten ist entscheidend, und die Beherrschung und Anwendung von A/B-Tests ist ein wesentlicher Teil dieser Rolle. A/B-Tests sind ein nützliches und leistungsstarkes Werkzeug in unserer Arbeit und ermöglichen es uns, fundierte und datenbasierte Entscheidungen zu treffen.

Feature Toggles/Feature Flips
Eine spezielle Form von A/B-Tests sind Feature Toggles, auch als Feature Flips bekannt. So wie ein Lichtschalter in Ihrem Haus das Licht ein- und ausschalten kann, ermöglichen Feature Toggles Entwicklern, bestimmte Funktionen ihres Softwarecodes ein- oder auszuschalten. Dies funktioniert sowohl während der aktiven Entwicklung als auch während des tatsächlichen Betriebs der Software, was Flexibilität verschafft und die kontinuierliche Auslieferung stark unterstützt.

Durch diese Technik können Entwickler neue Funktionen implementieren und testen, ohne den Live-Betrieb zu gefährden. Sie brauchen nicht auf eine komplette Beta-Version zu warten, um ihre Features zu testen. Stattdessen können sie verschiedene Funktionen in der Produktion ausprobieren und im Fall von Problemen einfach abstellen. Dies ermöglicht es den Teams, kontinuierlich Verbesserungen durchzuführen, ohne das Gesamterlebnis des Benutzers zu beeinträchtigen.

Es ist wichtig zu erwähnen, dass es verschiedene Arten von Toggles gibt, die jeweils für unterschiedliche Zwecke konzipiert sind. Release Toggles sind besonders nützlich, um Funktionen zu verstecken, die sich zwar im Live-Produkt, aber noch in der Testphase befinden. Auf der anderen Seite stehen Experiment Toggles, die für A/B-Tests verwendet werden. Hier können zwei verschiedene Versionen einer Funktion gleichzeitig getestet werden, um zu sehen, welche besser beim Benutzer ankommt. Ops Toggles und Permissioning Toggles hingegen unterstützen den Betrieb und die Zugriffssteuerung. (Hodgson, 2023)

Trotz dieser vielen Vorteile gibt es auch eine Reihe von Risiken und Herausforderungen, die mit dem Einsatz dieser Technik verbunden sind. Feature Toggles erhöhen zweifellos die Komplexität des Codes, da für jede Funktion zwei mögliche Zustände verwaltet werden müssen. Außerdem besteht die Gefahr, dass einige Toggles im Code vergessen werden und auf Dauer veraltet oder gar schädlich werden können. Nicht zuletzt können auch verborgene Bugs ein ernsthaftes Problem darstellen.

Um diese Risiken zu minimieren, ist es unerlässlich, eine geordnete Strategie für das Management von Feature Toggles zu implementieren. Es ist ratsam, die Anzahl der aktiven Toggles, die sich im Einsatz befinden, gering zu halten. Außerdem sollte jede Funktion, die durch einen Toggle kontrolliert wird, gut dokumentiert sein und einen klaren Plan für ihre Zukunft haben. Veraltete Toggles sollten regelmäßig überprüft und entfernt werden, um sicherzustellen, dass der Code sauber und effizient bleibt. (Hodgson, 2023)

Fazit

Die Implementierung ist ein wesentlicher Erfolgsfaktor für den Erfolg Ihrer Product-Analytics-Nutzung im Unternehmen. In diesem Kapitel erfuhren Sie wertvolle Empfehlungen für Unternehmen, die Ihnen dabei helfen effizient und effektiv Ihr neues Analytics-System aufzusetzen. Es ist wichtig, Product Analytics in die IT-Infrastruktur zu integrieren und eine effektive Datenmodellierung durchzuführen. A/B-Tests und Feature Toggles sind wertvolle Werkzeuge, um Verbesserungen in der Produktentwicklung zu erzielen. Eine datengetriebene Kultur und die aktive Förderung der Nutzung von Product Analytics tragen zur kontinuierlichen Verbesserung bei, die nur funktionieren kann, wenn sie integriert in Ihre Prozesse und ihren Tool-Stack erfolgt.

> **Ihr Transfer in die Praxis**
>
> - Schaffen Sie eine intuitive Erfahrung, indem Sie klare Erwartungen setzen, Liebe zum Detail zeigen und sich auf eine herausragende Benutzererfahrung konzentrieren.
> - Gehen Sie methodisch vor und implementieren Sie eine effektive Datenverwaltung mit klaren Strukturen und kontinuierlicher Verbesserung.
> - Dokumentieren Sie alles in einer zentralen Tabelle und nutzen Sie optional auch visuelle Dokumentation, um die Informationen stets aktuell zu halten.
> - Nutzen Sie einen repetitiven und konsistenten Implementierungsprozess, priorisieren Sie Ereignisse und veröffentlichen Sie diese schrittweise.
> - Achten Sie auf qualitativ hochwertiges Coding, arbeiten Sie eng mit Entwicklern zusammen und verfolgen Sie eine kontinuierliche Verbesserung der Analytics-Abdeckung.

Literatur

Goel, G. (2021) Data Modeling: An Overview – towards Data Science. Medium. https://towardsdatascience.com/data-modeling-an-overview-ed6165a27309. Zugegriffen: 01. Juni 2023.

Hodgson, P. (2023). Feature Toggles (aka Feature Flags). *martinfowler.com*. https://martinfowler.com/articles/feature-toggles.html. Zugegriffen: 08. Aug. 2023.

Kim, E. H. (2021). How to set up your product analytics – Practice Product – Medium. *Medium*. https://medium.com/practice-product/how-to-set-up-your-product-analytics-6f5333ad21c5. Zugegriffen: 01. Juni 2023.

Yu, V. (2022) Product analyst guide to AB Testing. Towards Data Science. *Medium*. https://towardsdatascience.com/what-product-analysts-should-know-about-a-b-testing-a7bdc8e9a61. Zugegriffen: 01. Juni 2023.

6
Marketing-Optimierung mit Product Analytics

> **Was Sie aus diesem Kapitel mitnehmen**
>
> - Was die wichtigsten KPIs des digitalen Marketings sind und warum sie wichtig sind.
> - Wie Unternehmen die Conversion Rate ihrer Kampagnen verbessern können und warum sie ein wichtiger KPI ist.
> - Welche Kennzahl die Umsatzgenerierung über die gesamte Kundenbeziehung misst und was ein hoher Wert anzeigt.
> - Warum es wichtig ist, den Return on Investment (ROI) von Marketingkampagnen zu messen und wie er verbessert werden kann.

6.1 Die wichtigsten KPIs des digitalen Marketings

Im digitalen Zeitalter ist es für jedes Unternehmen von größter Bedeutung, genau zu wissen, wie gut seine Marketingstrategien funktionieren. Eine Möglichkeit, dies zu beurteilen, besteht darin, Key Performance Indicators (KPIs) zu erheben. Hier sind die meiner

Meinung nach wichtigsten zehn KPIs, die jedes Marketingteam im Auge behalten sollte (Edgecomb, 2023):

1. **Kundenakquisitionskosten (CAC):** Diese Kennzahl zeigt, wie viel Ihr Unternehmen durchschnittlich ausgeben muss, um einen neuen Kunden zu gewinnen. Sie können diese Kosten senken, indem Sie effektivere Marketingstrategien nutzen.
2. **Conversion Rate:** Das ist der Prozentsatz der Besucher Ihrer Website, die eine gewünschte Aktion durchführen, sei es ein Kauf, eine Anmeldung oder das Ausfüllen eines Formulars. Eine hohe Conversion Rate bedeutet, dass Ihr Marketing sehr effizient funktioniert.
3. **Kundenbindung:** Sie zeigt, wie gut Ihr Unternehmen bestehende Kunden bindet. Wenn Ihre Kundenbindung niedrig ist, sollten Sie Strategien überdenken, um Ihre Kunden besser servicieren zu können.
4. **Customer-Lifetime-Value (CLTV):** Diese KPI misst, wie viel Umsatz ein Kunde im Durchschnitt über seine gesamte Beziehung zu Ihrem Unternehmen hinweg generiert. Ein hoher CLTV-Wert ist ein gutes Zeichen dafür, dass Sie loyale Kunden haben.
5. **Return on Investment (ROI):** Der ROI misst den finanziellen Erfolg Ihrer Marketingkampagnen. Es ist wichtig, den ROI zu messen, um sicherzustellen, dass Sie Ihr Marketingbudget effektiv einsetzen.
6. **Social Media Engagement:** Dieser KPI misst, wie oft Ihre Zielgruppe mit Ihren Social-Media-Inhalten interagiert. Ein hohes Engagement bedeutet, dass Ihre Inhalte bei Ihrer Zielgruppe gut ankommen.
7. **E-Mail-Marketing-Performance:** Hier geht es um die Messung von Kennzahlen wie Öffnungsrate, Klickrate und Absprungrate. Sie helfen Ihnen, die Wirksamkeit Ihrer E-Mail-Marketing-Kampagnen zu bewerten.
8. **Der Traffic aus organischer Suche:** Dies ermöglicht es Ihnen zu verfolgen, wie viele Besucher Ihre Website durch unbezahlte Suchresultate gefunden haben. Eine hohe Rate an organischem Verkehr bedeutet, dass Ihre SEO-Strategien funktionieren.

9. **Seiten pro Besuch:** Diese KPI zeigt, wie viele Seiten ein Benutzer durchschnittlich während eines Besuchs auf Ihrer Website besucht. Wenn die Zahl hoch ist, ist das ein gutes Zeichen dafür, dass die Benutzer Interesse an Ihrem Inhalt haben.
10. **Durchschnittliche Verweildauer:** Sie gibt an, wie lange ein Besucher im Durchschnitt auf Ihrer Website verbringt. Eine längere durchschnittliche Verweildauer kann darauf hindeuten, dass Ihre Inhalte für Ihre Besucher relevant und nützlich sind.

Unabhängig davon, welche KPIs Sie verfolgen, ist es von entscheidender Bedeutung, dass Sie Ihre Daten ständig überprüfen und Ihre Marketingstrategien entsprechend anpassen. Nur so können Sie sicherstellen, dass Ihre Marketingbemühungen effektiv sind und einen positiven Einfluss auf Ihr Geschäft haben.

6.2 Analyse von Marketingkanälen und Kampagnen

Die Analyse von Marketingkanälen und -kampagnen ist ein umfangreiches Thema, das selbst ganze Bücher füllen kann. Daher soll der kurze Leitfaden hier nur einen ersten Einstieg in diese Thematik liefern und die grundsätzliche Methodik erklären.

Der erste Schritt besteht darin, das Tracking für Ihre Marketingkampagnen einzurichten. Dies beinhaltet das Hinzufügen von Tracking-Parametern an Ihre Kampagnen-Links, um sicherzustellen, dass die Besucher darüber auch korrekt zugeordnet werden können. Die korrekten Parameter dafür können Sie der Anleitung Ihres Analytics-Systems entnehmen. Im Falle von Google Analytics sind das beispielsweise die sogenannten „utm-Parameter". Diese Tracking-Parameter ermöglichen es Ihnen, das Verhalten Ihrer Besucher auf der Website nachzuverfolgen und wichtige Daten zu sammeln.

Sobald Sie das Tracking eingerichtet haben, müssen Sie Ihre Ziele definieren. Was möchten Sie mit Ihren Marketingkampagnen erreichen? Möchten Sie Ihren Website-Traffic erhöhen, mehr Leads generieren oder den Verkauf ankurbeln? Durch das Festlegen konkreter Ziele können Sie die für Sie relevantesten Metriken verfolgen und den Erfolg Ihrer Kampagnen messen.

Nachdem Sie Daten gesammelt haben, ist es an der Zeit, diese zu analysieren. Bei der Analyse geht es darum, die von Ihnen verfolgten Metriken zu betrachten und Trends zu identifizieren. Welche Seiten auf Ihrer Website sind besonders beliebt? Woher kommen Ihre Besucher? Was genau tun sie auf Ihrer Website? Indem Sie Ihre Daten analysieren, können Sie herausfinden, was gut funktioniert und was nicht so gut funktioniert. Auf dieser Grundlage können Sie dann fundierte Entscheidungen treffen und Ihre Marketingkampagnen optimieren.

Die Optimierung Ihrer Kampagnen ist der nächste Schritt. Nachdem Sie Ihre Daten analysiert haben, können Sie Änderungen an Ihren Kampagnen vornehmen. Dies kann beispielsweise bedeuten, dass Sie Ihre Landing-Pages überarbeiten, Ihr Angebot anpassen oder Ihre Werbebotschaft verbessern. Die Optimierung basiert auf den Erkenntnissen, die Sie aus der Datenanalyse gewonnen haben, und zielt darauf ab, die Performance Ihrer Kampagnen zu verbessern und bessere Ergebnisse zu erzielen.

Der letzte Schritt besteht darin, den Prozess zu wiederholen. Während Sie mehr über Ihre Kunden und Ihre Marketingkampagnen erfahren, haben Sie die Möglichkeit, kontinuierliche Verbesserungen vorzunehmen. Indem Sie den Erfolg und die Effektivität Ihrer Kampagnen kontinuierlich überwachen und analysieren, können Sie Ihre Strategien weiter optimieren und noch bessere Ergebnisse erzielen. Es ist wichtig, den Lern- und Anpassungsprozess fortzusetzen, um mit den sich ändernden Anforderungen und Trends in der Marketingwelt Schritt zu halten.

Zusätzlich zu den oben genannten Schritten gibt es noch weitere Tipps, wie Sie Ihre Marketingkampagnen mithilfe von Webanalysen analysieren und optimieren können:

- **Nutzen Sie mehrere Datenquellen:** Neben der klassischen Product oder Webanalyse können auch andere Datenquellen, wie zum Beispiel CRM-Daten, genutzt werden, um ein umfassenderes Bild von Ihren Kunden zu erhalten.

- **Segmentierung:** Durch die Segmentierung Ihrer Daten in kleinere Gruppen können Sie bestimmte Kundengruppen genauer analysieren und gezielt auf ihre Bedürfnisse eingehen. Sie können Ihre Daten beispielsweise nach demografischen Merkmalen, Interessen oder Kaufhistorie segmentieren.
- **Visualisierung:** Die Visualisierung Ihrer Daten mithilfe von Tools wie Google Charts, Tableau oder Qlik Sense kann Ihnen dabei helfen, Ihre Daten besser zu verstehen und wichtige Erkenntnisse daraus zu gewinnen.
- **Testen und Lernen:** Der beste Weg, um Ihre Marketingkampagnen zu verbessern, besteht darin, verschiedene Ansätze auszuprobieren und zu sehen, was am besten funktioniert. Analysieren Sie die Ergebnisse Ihrer Tests und ziehen Sie Schlüsse daraus. Haben Sie keine Angst vor Fehlern, denn diese bieten Ihnen wertvolle Lerneffekte und ermöglichen es Ihnen, Ihre Strategien kontinuierlich zu verbessern und zu verfeinern.

6.3 Zielgruppenanalyse und Personalisierung von Kampagnen

„Website personalization is the process of creating customized experiences for visitors to a website based on their individual interests, preferences, and past behavior." (Optimizely, 2022)

Die Personalisierung von Websites ist der Vorgang, bei dem individuelle Erlebnisse für Besucher einer Website aufgrund ihrer persönlichen Interessen, Vorlieben und früheren Verhaltensweisen erstellt werden. Wie dieses Zitat treffenderweise beschreibt, handelt es sich bei Personalisierung daher streng genommen um nichts anderes als Zielgruppen-gerechte Anpassung von Produkten, Webseiten etc. auf die Bedürfnisse der Nutzer.

Dieses Konzept besteht aus zwei elementaren Faktoren, nämlich der passenden Zielgruppe und der bedürfnisgerechten Anpassung des Produkts im weitesten Sinne.

Die Analyse der Event- und Nutzer-Daten innerhalb von Product-Analytics-Lösungen ermöglicht es Unternehmen tiefere Einblicke in das Nutzerverhalten zu gewinnen. Mit leistungsstarken Produktanalysen können Unternehmen herausfinden, warum ihre Kunden handeln, wie sie handeln, und welche Schritte sie unternehmen können, um eine bessere Personalisierung zu bieten.

Eine gezielte Personalisierung kann das Nutzererlebnis erheblich verbessern. Indem sich Unternehmen auf die individuellen Bedürfnisse und Wünsche ihrer Kunden konzentrieren, fühlen sich diese wertgeschätzt und sind immer häufiger bereit, sich längerfristig an das Unternehmen zu binden. Hierzu empfiehlt sich innerhalb der Product-Analytics-Lösung Nutzersegmente, oder wie sie häufig auch genannte werden, Kohorten einzurichten und Reports auf Basis dieser Nutzersegmente zu filtern bzw. diese als Segmente anzuzeigen. So lässt sich das User-Verhalten dieser Segmente ideal mit anderen Usergruppen vergleichen bzw. auch Unterschiede mit dem Gesamtverhalten aller Nutzer leichter erkennen. Typische User-Segmente können bzw. Käufergruppen, Segmentierungen nach Nutzungsintensität oder auch die Unterscheidung von Nutzern in „kostenlosen" versus „bezahlten" Accounts sein. Hierbei gilt, dass Nutzersegmente nur dann relevant für das Unternehmen sind, wenn sie sich grundsätzlich in ihren Bedürfnissen und damit auch in ihrer Adressierbarkeit unterscheiden. Vereinfacht gesagt, bringt eine Nutzersegmentierung dem Unternehmen nur einen Mehrwert, wenn sich daraus auch individuelle „Marketing"-Aktivierungskampagnen ableiten lassen.

Ein praktisches Beispiel hierfür ist die Empfehlungsengine von Unternehmen wie Netflix oder Amazon. Diese Engine nutzt eine Vielzahl an Daten und Analysen, um personalisierte Empfehlungen basierend auf dem bisherigen Konsumverhalten der Nutzer zu erstellen. Das Ergebnis ist ein individuell zugeschnittenes Erlebnis, das die Kundenbindung erhöht und dazu führt, dass die Nutzer mehr Zeit auf der Plattform verbringen. An diesem Beispiel sieht man auch den Vorteil einer solchen daten-getriebenen Personalisierung, nämlich das Schlüsselwort: Automatisierung. Product-Analytics-Systeme können durch automatische Segmentierung entscheidend auch zur automatischen Ansprache von Nutzergruppen beitragen. Dies erlaubt

Aktionen effizient auch für immer kleinere Nutzergruppen bis hin zur 1:1-Kommunikation durchzuführen.

In einer Welt, in der sich die Kundenbeziehungen immer mehr online abspielen, kann Personalisierung den entscheidenden Unterschied ausmachen. Insbesondere im Hinblick auf Kundenzufriedenheit, Kundenbindung und letztlich auch Umsatzsteigerung.

6.4 Attribution und Erfolgsmessung von Marketingmaßnahmen

Attributionsmodelle im Marketing dienen dazu, den Wert oder den Einfluss verschiedener Marketingmaßnahmen auf den Weg eines Kunden zur Konversion (Kauf, Anmeldung etc.) zu messen und zu bestimmen. Dies kann verwendet werden, um Vertriebs- und Marketingbudgets effektiv zu planen und zuzuweisen. (Larkin, 2022)

Es gibt eine Reihe verschiedener Attributionsmodelle, die genutzt werden können, um den Erfolg von Marketingkampagnen zu messen. Jedes Modell hat seinen eigenen Ansatz und seine eigene Komplexität bei der Wertzuweisung von unterschiedlichen Touchpoints.

Unter den vielen existierenden Modellen sind folgende besonders gebräuchlich (Abb. 6.1):

- Das **First-Touch-Attributionsmodell** leitet den gesamten Erfolg einer Konversion auf den ersten Marketingkanal zurück, mit dem ein Kunde in Kontakt kam.
- Das **Last-Touch-Attributionsmodell** wiederum weist alle Anerkennung für eine Konversion dem letzten Marketingkanal zu, mit dem ein Kunde interagierte.
- Das **lineare Attributionsmodell** verteilt den Erfolg einer Konversion gleichmäßig auf alle Marketingkanäle, mit denen ein Kunde in Berührung kam, während das **U-förmige Attributionsmodell** den ersten und letzten Marketingkanälen mehr Gewicht beimisst.
- Das **positionsbasierte Attributionsmodell** schließlich konzentriert sich vor allem auf die Marketingkanäle, die am nächsten zu der eigentlichen Konversion standen.

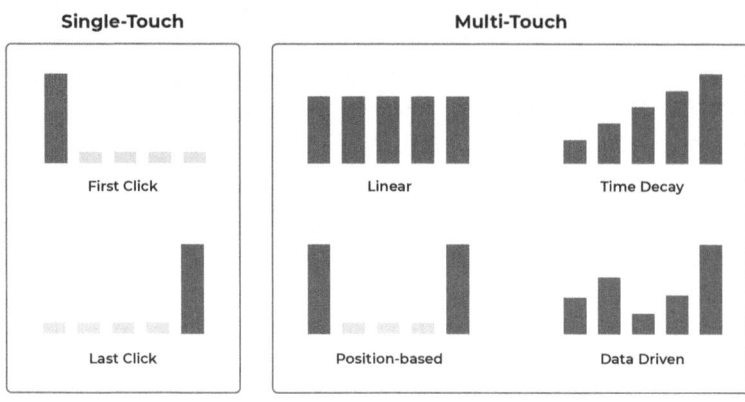

Abb. 6.1 Typische Attributionsmodelle

Die Entscheidung, welches Attributionsmodell gewählt wird, hängt von den spezifischen Zielen der jeweiligen Marketingkampagne und den verfügbaren Daten ab. Neben den Attributionsmodellen existieren verschiedene andere Messgrößen, die dazu genutzt werden können, die Leistung von Marketingkampagnen zu bewerten. (Larkin, 2022).

Beispiele hierfür sind: Die **Konversionsrate** zeigt den Prozentsatz von Websitebesuchern, die eine gewünschte Aktion durchführen, etwa einen Kauf tätigen oder sich für einen Newsletter anmelden. Die **Kosten pro Neukundengewinnung (CPA)** ist der durchschnittliche Betrag, der für die Akquisition eines neuen Kunden ausgegeben wird. Die **Rendite auf Investitionen (ROI)** stellt den Geldbetrag dar, der durch eine Marketingkampagne generiert wird, abzüglich der Kosten dieser Kampagne.

Wenn (Marketing-) Analytics Experten diese Messgrößen erheben und auswerten, erhalten sie ein besseres Verständnis der Effektivität und Effizienz ihrer Kampagnen und können entsprechende Adjustierungen vornehmen, um ihre Resultate zu verbessern.

Attribution und Leistungsmessung sind unverzichtbar, um den Erfolg ihrer Kampagnen zu verstehen und ihren Marketing-Mix optimieren zu können. Indem sie herausfinden, welche

Marketingkanäle und Touchpoints am effektivsten sind, können sie ihre Ressourcen effizienter einsetzen und dadurch ihren ROI erhöhen.

Die Auswahl des geeigneten Modells oder der geeigneten Messgröße hängt von den spezifischen Zielen der Marketingkampagne und den verfügbaren Daten ab.

Fazit
Zusammenfassend lässt sich festhalten, dass es im digitalen Zeitalter von großer Bedeutung ist, die Leistung des (Online-) Marketings zu überwachen und zu bewerten. Dies kann mithilfe von Key Performance Indicators (KPIs) erfolgen, die Kennzahlen wie Kundenakquisitionskosten, Conversion Rate und Kundenbindung umfassen. Die Analyse und Optimierung von Marketingkanälen und Kampagnen ist ein kontinuierlicher Prozess, der eine genaue Datenanalyse, das Festlegen von Zielen und die Durchführung von Anpassungen beinhaltet. Die Personalisierung von Kampagnen basierend auf den Interessen und dem Verhalten der Zielgruppe kann das Nutzererlebnis verbessern und die Kundenbindung stärken. Die Attribution und Erfolgsmessung von Marketingmaßnahmen helfen dabei, den Einfluss verschiedener Kanäle auf den Erfolg einer Konversion zu messen und zu bewerten. Die Auswahl des geeigneten Attributionsmodells oder der richtigen Messgröße hängt von den Zielen der Marketingkampagne und den verfügbaren Daten ab.

Ihr Transfer in die Praxis

- Die wichtigsten KPIs des digitalen Marketings sollten regelmäßig gemessen werden, um die Effektivität der Marketingstrategien zu verbessern.
- Die Analyse von Marketingkanälen und -kampagnen ermöglicht eine Optimierung der Marketingstrategien durch die Identifizierung von Trends und die Anpassung der Kampagnen.
- Die Zielgruppenanalyse und Personalisierung von Kampagnen führt zu einer besseren Kundenbindung und erhöht letztendlich den Umsatz.
- Die Attribution und Erfolgsmessung von Marketingmaßnahmen ermöglichen eine effizientere Ressourcenallokation und Optimierung des Marketing-Mix.

Literatur

Edgecomb, C. (2023). 10 marketing KPIs you should be tracking. IMPACT. https://www.impactplus.com/blog/the-10-marketing-kpis-you-should-be-tracking. Zugegriffen: 24.Aug. 2023.

Larkin, K. (2022). A Comprehensive Guide To Marketing Attribution Models. Search Engine Journal. https://www.searchenginejournal.com/perfect-attribution-model/217893/#close. Zugegriffen: 28. Aug. 2023.

Optimizely. (2022). What is website personalization? https://www.optimizely.com/optimization-glossary/website-personalization/#:~:text=Website%20Personalization%20is%20the%20process,no%20means%20a%20new%20concepthttps://www.optimizely.com/optimization-glossary/website-personalization/#:~:text=Website%20Personalization%20is%20the%20process,no%20means%20a%20new%20concept. Zugegriffen: 02.08.2023

7 Fortgeschrittene Analysemethoden in Product Analytics

> **Was Sie aus diesem Kapitel mitnehmen**
>
> - Was der Unterschied zwischen Predictive Analytics und Machine Learning ist.
> - Welche Schritte bei der prädiktiven Analytik notwendig sind.
> - Welche Daten für beide Verfahren benötigt werden.
> - Wie Unternehmen den Customer Lifetime Value nutzen können und welche anderen Kennzahlen wichtig sind, um den Kundenwert zu messen.

7.1 Predictive Analytics und Machine Learning

Die Begriffe maschinelles Lernen (Machine Learning, ML) und prädiktive Analytik (Predictive Analytics) haben unterschiedliche Bedeutungen und potenzielle Anwendungen – obwohl sie oft austauschbar verwendet werden.

Prädiktive Analytik ist eine Technik, die Statistik und Algorithmen verwendet, um Muster in bestehenden Daten zu identifizieren und zukünftige Ereignisse vorherzusagen. Die grundlegende Idee hinter der prädiktiven Analytik ist es, aus historischen Daten zu lernen und diese Informationen zu verwenden, um fundierte Vorhersagen über zukünftige Ereignisse zu machen. Prädiktive Analytik verwendet verschiedene Techniken aus der Statistik, wie zum Beispiel Regression und Entscheidungsbäume, um Daten zu analysieren und Muster zu identifizieren. (Tirmizi, 2023)

Die prädiktive Analytik beinhaltet mehrere Schritte. Zunächst werden die Daten gesammelt und aufbereitet. Dies kann das Sammeln von Daten aus verschiedenen Quellen, das Reinigen der Daten, das Entfernen von Duplikaten und das Füllen von Datenlücken umfassen. Anschließend werden die Daten analysiert und Muster identifiziert. Die dabei verwendeten Techniken variieren je nach den spezifischen Anforderungen der Analyse. (Tirmizi, 2023)

Maschinelles Lernen hingegen, ein Teilgebiet der künstlichen Intelligenz (KI), bezieht sich auf Algorithmen und mathematische Modelle, die es Computern ermöglichen, aus Daten zu lernen und auf Basis dieses Lernprozesses Vorhersagen zu treffen oder Entscheidungen zu treffen, ohne explizit programmiert zu werden. Mit anderen Worten: Maschinelles Lernen ist eine Methode der Datenanalyse, bei der Algorithmen Modelle bilden und weiterentwickeln, um Muster in den Daten zu erkennen.

Ein entscheidender Unterschied zwischen ML und prädiktiver Analytik liegt in den Daten, die sie verwenden. Während prädiktive Analytik hauptsächlich historische Daten verwendet, um Vorhersagen zu treffen, kann ML Modelle entwickeln, die in der Lage sind, neue Daten in Echtzeit zu verarbeiten und auf diese zu reagieren. Es ist daher besonders nützlich in Anwendungen, bei denen Echtzeit-Reaktionen erforderlich sind, wie bei selbstfahrenden Autos oder im algorithmischen Handel.

Darüber hinaus konzentriert sich prädiktive Analytik in erster Linie auf die Vorhersage von Ergebnissen, während ML sich darauf konzentriert, genaue Modelle und Algorithmen zu entwickeln, die auf einer Vielzahl von Daten gut funktionieren können. Prädiktive Analytik gewährleistet im Wesentlichen die Fähigkeit, zukünftige Ereignisse vorherzusagen, basierend auf dem, was in der Vergangenheit passiert ist.

Maschinelles Lernen konzentriert sich jedoch mehr darauf, Algorithmen zu entwickeln, die Daten genau interpretieren und anpassen können. Es gibt jedoch auch erhebliche Überschneidungen zwischen ML und prädiktiver Analytik. Beide verwenden Daten, um Muster und Zusammenhänge zu erkennen und Vorhersagen zu treffen. Darüber hinaus werden beide Ansätze in einer Vielzahl von Anwendungen eingesetzt, einschließlich Betrugserkennung, Risikomanagement, Kundenanalyse und Vorhersage von Geräteausfällen. (Tirmizi, 2023)

Bei der Wahl zwischen ML und prädiktiver Analytik können verschiedene Faktoren eine Rolle spielen. Wenn ein Unternehmen beispielsweise über eine große Menge an historischen Daten verfügt und daran interessiert ist, diese zu analysieren, um zukünftige Ereignisse vorherzusagen, könnte die prädiktive Analytik eine gute Wahl sein. Wenn ein Unternehmen jedoch in Echtzeit auf neue Daten reagieren muss oder fortschrittlichere Modelle verwenden möchte, könnte Machine Learning besser geeignet sein.

Interessanterweise setzen viele Organisationen auf eine Kombination von ML und prädiktiver Analytik, um ihre analytischen Anforderungen zu erfüllen. In vielen Fällen können diese beiden Techniken zusammenarbeiten, wobei Machine Learning Modelle entwickelt, die dann in der prädiktiven Analytik verwendet werden. Hier kommen die Stärken moderner Product-Analytics-Systeme zum Tragen, die über Integrationen die Verarbeitung historischer Daten (z. B. frühere Web Analytics-Daten oder auch Segment-Informationen aus Customer-Data-Plattformen) gekonnt kombinieren um daraus Anhängigkeiten und Logiken zu erkennen um auf der Basis zum Beispiel über Machine Learning vorhersagen treffen zu können, wie hoch die Wahrscheinlichkeit ist, dass User in eine dieser Zielgruppen fallen oder inwieweit Aktionen der User vorhersehbar sind.

Mit dem Aufkommen neuer Analysemethoden mithilfe künstlicher Intelligenz in Form von leistungsstarken Large Language Models (Stichwort: Generative AI) dürften zukünftig weitere neue Möglichkeiten im Bereich Product Analytics hinzukommen. Unter anderem wird wohl speziell die Datenanalyse zukünftig leichter und man kann quasi direkt mit einer KI zu Reports und Learnings chatten, was das Arbeiten mit

Analytics-Systemen für eine Vielzahl von Anwendern in Unternehmen erheblich erleichtern wird.

7.2 Customer Lifetime Value und Customer Value Analysen

Der Customer Lifetime Value bzw. Kundenlebenszykluswert (CLV) ist eine Kennzahl, die den Gesamtgewinn misst, den ein Unternehmen von einem Kunden im Laufe seiner Beziehung zum Unternehmen erwartet. Er wird berechnet, indem die durchschnittliche Kaufhäufigkeit des Kunden, der durchschnittliche Kaufbetrag und die durchschnittliche Lebensdauer des Kunden berücksichtigt werden. (Danao, 2023)

Der CLV ist eine wichtige Kennzahl für Unternehmen, da er ihnen dabei hilft, den Wert ihrer Kunden zu verstehen und Entscheidungen über die Ressourcenallokation zu treffen. Ein Unternehmen, das weiß, dass seine Kunden einen hohen CLV haben, wird wahrscheinlicher in Kundenbindungsprogramme investieren.

Hier sind einige Beispiele, wie der CLV von Unternehmen genutzt werden kann:

- **Zur Preisfestlegung:** Unternehmen können den CLV nutzen, um zu bestimmen, wie viel sie für ihre Produkte oder Dienstleistungen berechnen sollten. So könnte ein Unternehmen mit einem hohen CLV beispielsweise einen höheren Preis für seine Produkte verlangen, da die Kunden bereit sind, mehr dafür zu bezahlen.
- **Zur Zuweisung von Marketingressourcen:** Unternehmen können den CLV nutzen, um festzustellen, welche Marketingkanäle am effektivsten bei der Gewinnung und Bindung von Kunden sind. Ein Unternehmen mit hohem CLV könnte beispielsweise seine Marketinganstrengungen auf Kanäle konzentrieren, die bekanntermaßen hochwertige Kunden anziehen.
- **Zur Messung des Erfolgs von Kundenbindungsprogrammen:** Unternehmen können den CLV nutzen, um den Erfolg ihrer Kundenbindungsprogramme zu messen. Ein Unternehmen könnte

beispielsweise den CLV der Kunden verfolgen, die an seinem Treueprogramm teilnehmen, um zu prüfen, ob das Programm tatsächlich den Wert seiner Kunden steigert.

Ein Kritikpunk am Customer Lifetime Value ist, dass er sich häufig nur auf vergangenes Kundenverhalten bezieht und eine Projektion auf dieser Basis Unschärfen mit sich bringt. So könnte es beispielsweise sein, dass sich zwischenzeitlich die Einkommenssituation oder auch die Lebensumstände eines Kunden verändert haben und daher nicht mit weiteren, hochpreisigen Käufen zu rechnen. Ist daher beschäftigen sich heute Analysten stärker damit auch andere, vorgelagerte Kundenaspekte mit heranzuziehen, die einen besseren Forecast erlauben. Zwei sehr probate Mittel dafür sind die Kundenzufriedenheit (CSAT) und die Kundenweiterempfehlungsbereitschaft (NPS). Die häufig als Alternativen oder Ergänzung zum Customer Lifetime Value eingesetzt werden und ebenfalls im Product-Analytics-Bereich eine große Rolle spielen. Häufig spricht man dabei in diesem Zusammenhang dann allgemein von der Messung des Kundenwerts (Customer Value).

Die Kundenzufriedenheit (CSAT) ist ein Maß dafür, wie zufrieden Kunden mit einem Produkt, einer Dienstleistung oder beiden sind. Eine hohe Kundenzufriedenheit ist oft direkt mit einer höheren Kundenbindung und -loyalität verbunden. Des Weiteren kann eine hohe Kundenzufriedenheit auch Mundpropaganda generieren, was wiederum neue Kunden anziehen kann.

Der Net Promoter Score (NPS) misst, wie wahrscheinlich es ist, dass Kunden ein Produkt oder eine Dienstleistung weiterempfehlen. Eine hohe Punktzahl deutet auf ein hohes Maß an Kundenzufriedenheit und Loyalität hin und zeigt, dass das Produkt oder die Dienstleistung die positive Mundpropaganda stimulieren kann.

Das Konzept des Kundenwerts ist für Unternehmen von großer Bedeutung, da es ihnen helfen kann besser zu verstehen, was ihre Kunden wirklich schätzen und wie sie ihnen den bestmöglichen Wert bieten können. Auf der Grundlage dieses Verständnisses haben Unternehmen die Möglichkeit, ihre Produkte und Dienstleistungen zu verbessern und die Kundenzufriedenheit und -loyalität zu steigern. Zudem kann ein besseres Verständnis von Kundenwert dazu beitragen, den Umsatz zu steigern und die Profitabilität zu verbessern. (Danao, 2023)

Ein weiterer Vorteil ist die Verbesserung der Kundenloyalität. Loyalere Kunden tendieren dazu, langfristige Beziehungen mit Unternehmen zu unterhalten, selbst wenn andere lukrative Optionen vorhanden sind. Sie können sogar zu Markenbotschaftern werden, indem sie positive Empfehlungen aussprechen und so neues Geschäft anziehen.

Darüber hinaus kann das Verständnis des Kundenwerts dazu beitragen, die Kundenabwanderungsrate zu reduzieren. Indem sie erkennen, welche Faktoren dazu führen, dass Kunden sich abwenden, können Unternehmen proaktive Maßnahmen ergreifen, um dies zu verhindern.

Schließlich kann ein besseres Verständnis des Kundenwerts auch zu einer erhöhten Rentabilität führen. Mit diesem Wissen können Unternehmen fundierte Entscheidungen darüber treffen, wie sie ihre Ressourcen am besten einsetzen – ob in Bezug auf Preisgestaltung, Produktentwicklung, Marketingstrategien oder Kundenservice – um den größtmöglichen Return on Investment zu erzielen. Sie können auch herausfinden, welche Produkte oder Dienstleistungen die höchste Kundenzufriedenheit und -loyalität erzeugen, um diese erfolgreich zu replizieren und ihre Best Practices zu standardisieren.

Der Vorteil von Product-Analytics-Systemen ist, dass sie häufig mindestens regelmäßig, wenn nicht sogar in Echtzeit, diese Werte kalkulieren bzw. Werte dazu erhalten und verarbeiten können, zum Beispiel durch Abspeichern der Werte bei der Erhebung des NPS oder CSAT. Das hilft einen Überblick über seine Kundengruppen zu erlangen und erlaubt auch eine Operationalisierung dieses Konzepts. Während in klassischen Webanalytics-Systemen solche Auswertungen nur schwierig oder wenn überhaupt unregelmäßig durch Zusammenführung mehrerer Datenquellen machbar waren, können Product-Analytics-Systeme diese Werte auch durch die einfache Integration externer Daten sowie der Definition eigener Kennzahlen und der Auf-Addition von Kundendaten einfach und schnell auswertbar machen.

Fazit
Machine Learning als auch Predictive Analytics sind leistungsstarke Werkzeuge zur Datenanalyse sind. Sie haben ihre eigenen Stärken und Schwächen und die Entscheidung, welche Methode zu verwenden ist, hängt von den spezifischen Anforderungen und Zielen eines Unternehmens ab. Unabhängig davon, ob ein Unternehmen sich für ML oder prädiktive Analytik entscheidet, ist klar, dass die häufige Nutzung von Daten und die Fähigkeit, aus diesen zu lernen und auf sie zu reagieren, entscheidend für den Unternehmenserfolg in unserer datengetriebenen Welt ist. Um zukünftiges Kundenverhalten und vor allem auch den Wert der sich daraus für das Unternehmen ergibt vorherzusagen, dienen die Konzepte des Customer Lifetime Value bzw. allgemeiner des Customer Value, die aus historischen Kundenwerten und dem Abfragen der aktuellen Einstellung des Kunden Rückschlüsse und Projektionen auf zu erwartende Kundenwerte erlauben. Die Integration dieser Kennzahlen und zu Grunde liegenden Daten, ergänzt die Produkt Analytics-Systeme hervorragend und hilft diese oftmals sehr theoretischen und selten erhobenen Kennzahlen regelmäßig zu erheben und operationalisierbar zu machen. Dies ist vor allem aufgrund der Flexibilität was Kennzahlenerstellung und Integration von Drittanbieterdaten (z. B. das Customer-Relationship-Managementsystem (CRM) möglich.

Ihr Transfer in die Praxis

- Nutzen Sie die Integration von Drittanbieterdaten und die Flexibilität zur Erstellung eigener Kennzahlen.
- Machen Sie sich mit der Frage vertraut, welche Daten Ihnen die beste Indikation für zukünftigen Kundenwert liefern (Kundenzufriedenheit vs. Kaufhistorie).
- Nutzen Sie prädiktive Analytics-Funktionalitäten, um aktiv Einfluss auf dieses Kundenverhalten zu nehmen (z. B. durch Kalkulation von Conversion-Wahrscheinlichkeiten in Kundensegmenten).
- Neue KI-Möglichkeiten werden Ihnen zukünftig Erkenntnisse noch schneller und leichter zu erkennen geben, sorgen Sie dennoch für ein Verständnis der zugrunde liegenden Daten und Auswertungen in Ihrer Organisation, um daraus auch die richtigen Schlüsse zu ziehen bzw. auch Daten hinterfragen zu können.

Literatur

Danao, M. (2023). What is Customer Lifetime Value (CLV). Forbes Advisor. https://www.forbes.com/advisor/business/customer-lifetime-value/. Zugegriffen: 08. Aug. 2023.

Tirmizi, A. M. (2023). Machine Learning vs. Predictive Analytics – DATAVERSITY. DATAVERSITY. https://www.dataversity.net/machine-learning-vs-predictive-analytics/#:~:text=Predictive%20analytics%20makes%20use%20of,patterns%20and%20anomalies%20in%20data. Zugegriffen: 08. Aug. 2023.

8 Branchenspezifische Beispiele für die Anwendung von Product Analytics

> **Was Sie aus diesem Kapitel mitnehmen**
>
> - Warum Unternehmen branchenspezifische Product Analytics implementieren sollten.
> - Welche Vorteile Product Analytics im E-Commerce bietet.
> - Warum die Softwarebranche besonders geeignet ist für die Anwendung von Product Analytics.
> - Wie Medien- und Unterhaltungsunternehmen Product Analytics nutzen können, um die Bedürfnisse der Benutzer besser zu erfüllen.
> - Warum Banken nicht auf Product Analytics verzichten sollten, um ihre Kunden besser zu verstehen.

8.1 Warum Product Analytics branchenspezifisch aufgesetzt werden sollte

Trotz der weiten Verbreitung von Product-Analytics-Systemen, haben viele Unternehmen immer noch Probleme Produktanalysen zu implementieren und zu nutzen. Ein Hauptgrund dafür ist, dass viele

Unternehmen weiterhin eine generische Herangehensweise an das Thema Product Analytics verfolgen, ohne zu bedenken, dass das Thema der Produktanalysen immer branchenspezifisch gesehen werden sollte.

Die branchenspezifische Anwendung von Product Analytics bezieht sich auf die Anpassung der Analytics-Strategien auf die spezifischen Bedürfnisse, Anforderungen und Dynamiken einer Branche. Jede Branche hat ihre eigenen einzigartigen Herausforderungen, Zielgruppen, Wettbewerber und Marktbedingungen, die erhebliche Auswirkungen auf die Produktentwicklung und -leistung haben können. Während Softwareprodukt-Anbieter beispielsweise eher an der User Experience und der Nutzung bestimmter Funktionalitäten Ihres Produktes interessiert sein dürften, spielt im eCommerce vor allem das Thema Conversion Rate, also die Wandlung von Besuchern zu Käufern eine wichtige Rolle.

Daher ist es für jedes Unternehmen unerlässlich, eine branchenspezifische Produktanalyse zu implementieren, um marktspezifische Einblicke zu erhalten und maßgeschneiderte Lösungen zu schaffen.

Der erste Grund, warum die Produktanalyse branchenspezifisch sein sollte, besteht darin, einen besseren Fit und Ausrichtung zwischen den Geschäftszielen und den analytischen Anwendungsfällen zu erreichen. Jede Branche hat ihre eigenen Geschäftsziele und Kennzahlen, anhand derer sie Leistung und Erfolg misst. Einzelhandelsunternehmen könnten beispielsweise an Einblicken in das Kundenverhalten, die Produktleistung und die Effektivität von Marketingkampagnen interessiert sein, während Banken und Finanzinstitute eher auf Risikomanagement, Betrugsprävention und gesetzliche Compliance abzielen können. Durch die branchenspezifische Produktanalytik können Unternehmen ihre Analysetools und -prozesse an ihre spezifischen Ziele anpassen und so effektivere und gezieltere Analysen durchführen. Das bedingt auch die bislang in diesem Buch gelernten Frameworks auf die Branche auszurichten.

Ein weiterer Grund für die Notwendigkeit einer branchenspezifischen Produktanalyse ist die Verbesserung von Genauigkeit und Relevanz. Da jede Branche unterschiedliche Datenmengen und -typen generiert, können generische Analytics-Lösungen möglicherweise nicht die richtigen Einblicke liefern oder relevante Nuancen abbilden. Beispielsweise könnte ein Social-Media-Unternehmen auf Nutzerinteraktionsdaten angewiesen sein, um seine Produkte zu optimieren, während ein Pharmakonzern medizinische und klinische Daten benötigt, um seine Medikamentenentwicklungsprozesse zu verbessern. Mit branchenspezifischen Analysetools können Unternehmen solche unterschiedlichen Daten effizient und effektiv analysieren und so genaue und relevante Einblicke gewinnen.

Außerdem ermöglicht eine branchenspezifische Produktanalyse ein besseres Verständnis des Marktes und der Kunden. Verschiedene Branchen haben unterschiedliche Marktstrukturen, Kundensegmente und Konkurrenzszenarien. Unternehmen können durch die Anpassung ihrer Produktanalysen an ihre spezifische Branche ein tieferes Verständnis für ihre Kunden, Wettbewerber und Marktbedingungen gewinnen. Dies kann ihnen helfen, ihre Produkte besser zu positionieren und zu differenzieren, wertvolle Marktchancen zu identifizieren und effektivere Marketing- und Vertriebsstrategien zu entwickeln.

Die Implementierung einer branchenspezifischen Product-Analytics-Lösung kann auch dazu beitragen, die Compliance zu verbessern und das Risikomanagement zu erleichtern. In vielen Branchen gibt es spezifische regulatorische Anforderungen und Standards, die Unternehmen erfüllen müssen. Mit branchenspezifischen Analysetools können Unternehmen diese Anforderungen besser nachverfolgen und sicherstellen, dass sie ihnen effektiv nachkommen. In den folgenden Unterkapiteln erhalten Sie einen Einblick in die branchenspezifische Product-Analytics-Implementierung für die Branchen eCommerce, Software, Medien sowie im Bereich der Finanzen, die die meisten branchenspezifischen Anwendungsfälle von Product-Analytics-Lösungen bilden dürften.

8.2 eCommerce – Warum Onlinehändler stark von Product Analytics profitieren

Die Bedeutung der Produktanalyse im E-Commerce kann kaum überschätzt werden. In der äußerst wettbewerbsintensiven Online-Handelslandschaft bietet die Produktanalyse Unternehmen die dringend benötigte Möglichkeit, sich von der Masse abzuheben und einen einzigartigen, differenziert wettbewerbsfähigen Rand zu entwickeln. Zentrale Fragen, die Product Analytics im eCommerce beantworten kann, sind zum Beispiel: (Wintermeier, 2023).

Wer: Wer kauft Ihre Produkte?
Was: Welche Produkte kaufen Ihre Kunden?
Wo: Über welche Kanäle werden Ihre Produkte gekauft (z. B. Kanal, Seite, Quelle)?
Wie: Wie gehen Ihre Kunden mit Ihren Produkten um?

Mithilfe von Product Analytics können digitale Einzelhändler herausfinden, welche Produkte am attraktivsten für ihre Zielkunden sind und welche potenziell unterdurchschnittlich performen. Darüber hinaus ermöglicht es ihnen, zu lernen, wann und in welchem Tempo Verkäufe stattfinden – ein wesentlicher Aspekt der Lager- und Umsatzprognosen. Wichtig ist auch, dass E-Commerce-Unternehmen durch die Anwendung von Produktanalysen erkennen können, welche Kundensegmente an bestimmten Produkten interessiert sind. Diese Art von Informationen ist unermesslich wertvoll, wenn man bedenkt, dass sie Unternehmen in die Lage versetzt, ihre Produktstrategien und -kataloge effektiv zu optimieren und Produkte und Dienstleistungen anzubieten, die das Potenzial haben, den Nerv der Verbraucher zu treffen.

Die Anwendung von Produktanalyse im E-Commerce ist weitreichend und vielfältig. Ein weit verbreiteter Ansatz besteht darin, kundenspezifische Daten zu sammeln und zu analysieren, die Informationen über Kundeninteraktionen und -erfahrungen mit den Produkten des Unternehmens enthalten. Das beinhaltet Aspekte wie die Produkte, die die Kunden im Shop suchen, die Produkte, die sie in den Warenkorb legen, die Produkte, die sie letztendlich kaufen, und viele andere Verhaltensmuster und Vorlieben.

Durch die Nutzung solcher datenintensiver Insights können E-Commerce-Unternehmen effektiv personalisierte Marketingkampagnen durchführen, die auf der Basis der individuellen Präferenzen und des Verhaltens jedes Kunden entwickelt werden. Darüber hinaus können sie den Prozess der Produktempfehlungen automatisieren, um den Verkauf von Cross- und Upselling zu verbessern. Und was vielleicht am wichtigsten ist, dass sie in der Lage sind, ihre Website- oder App-Designs und -Funktionen zu optimieren, um eine bessere Benutzerfreundlichkeit und somit eine verbesserte Kundenzufriedenheit zu gewährleisten.

Zusätzlich zur Optimierung von Marketing- und Verkaufsstrategien kann die Produktanalyse auch dazu beitragen, die Produktstrategie effektiv an die Bedürfnisse und Präferenzen der Kunden anzupassen. Dies könnte beinhalten, herauszufinden, welche Produktfunktionen die Kunden am meisten ansprechen und welche sie tendenziell ignorieren oder nicht nutzen. Mit solchen Erkenntnissen können Unternehmen ihre Ressourcen besser zuweisen, um die Produkte weiterzuentwickeln und besser an die Bedürfnisse der Kunden anzupassen.

Folgende sieben Analysen, erweisen sich im eCommerce-Bereich als hilfreiche Reports zur Optimierung Ihrer Conversion Rate und zur Steigerung des Kundenwerts:

1. **Analyse des „Look-to-book"-Verhältnisses**: Dies ist ein besonders interessanter Indikator im E-Commerce, da er Auskunft darüber gibt, wie viele Personen, die ein Produkt ansehen, dieses auch tatsächlich kaufen. Das Verhältnis berechnet sich aus der Anzahl der Personen, die einen Kauf abgeschlossen haben, geteilt durch die Anzahl der Personen, die das Produkt angesehen haben. Wenn zum Beispiel 100 Personen ein Produkt ansehen und nur 10 Personen es kaufen, beträgt das Look-to-book-Verhältnis 10 %. Diese Kennzahl ermöglicht es Ihnen, herauszufinden, welche einzigartigen Merkmale Ihres Produkts die Leute dazu animieren, es zu kaufen. Ein besonders niedriges Verhältnis könnte zum Beispiel darauf hinweisen, dass Ihre Preisstrategie geändert werden muss. Es zeigt, dass die Kunden zwar Interesse an dem Produkt haben, jedoch aus irgendeinem Grund den Kaufprozess nicht abschließen. In diesem Fall könnte der Preis ein offensichtliches Hindernis darstellen. Um solche Probleme zu umgehen, könnte man über verbesserte Preistransparenz, detailliertere Produktinformationen, Produktvergleiche oder auch Produktempfehlungen nachdenken.
2. **Auswertung von Engagement-Daten**: E-Commerce Produkt-Engagement-Daten wie die Anzahl der Klicks auf ein Produkt, die

Anzahl der Male, dass ein Produkt zum Warenkorb hinzugefügt wurde oder die Anzahl der Male, dass ein Produkt gekauft wurde, können sehr nützliche Informationen bereitstellen. Sie ermöglichen es, Trends und Saisonalitäten zu erkennen und zu verstehen, wann Kunden am häufigsten auf Ihrer Seite einkaufen. Durch die Analyse solcher Daten kann man seine Produktpräsentation optimieren, also wie man seine Produkte den Kunden präsentiert und kommuniziert. Dies ist der Schlüssel zur Personalisierung. Unternehmen lernen aus dem Verhalten der Kunden und optimieren ihre Angebote so, dass die Kunden die Produkte sehen, die sie wollen – in der gewünschten Größe und Farbe, mit der Nachricht, die am ehesten ihr Klick- und Kaufverhalten beeinflusst.

3. **Analyse des Warenkorbabbruchs:** Dieser Indikator bietet Einblicke, wie viele Menschen ein Produkt zum Warenkorb hinzugefügt haben, aber den Checkout-Prozess nicht abgeschlossen haben. Ein hohes Maß an Warenkorbabbrüchen könnte beispielsweise ein Zeichen dafür sein, dass Kunden beim Checkout auf eine psychologische Barriere stoßen. In diesem Fall könnten Sie überlegen, eine Produktsuchfunktion, Produktabzeichen oder intelligente Benachrichtigungen hinzuzufügen, um Informationen zu liefern, Überzeugungsarbeit zu leisten und das Vertrauen der Kunden in ihr Kaufverhalten wiederherzustellen.

4. **Betrachtung der Kaufquote:** Eine niedrige Kaufquote könnte auf Probleme beim Check-out-Prozess hinweisen. Mögliche Stoßpunkte könnten sein: Die Notwendigkeit, ein Konto zu erstellen, zusätzliche Versandkosten oder unzureichende Informationen über das Produkt. Durch die Analyse dieser Faktoren können Maßnahmen zur Verbesserung des Kaufprozesses ergriffen werden. Zum Beispiel könnte man darüber nachdenken, einen Produktfinder einzurichten, um den Kunden dabei zu helfen, das perfekte Produkt für sie zu finden.

5. **Inventarzählung:** Durch das kontinuierliche Tracking der Lagerbestände in einem zentralisierten Dashboard können Performance-Benchmarks für die Produkte erstellt werden. Es ermöglicht auch, den Kunden zeitnah Informationen über die Verfügbarkeit von Produkten zukommen zu lassen. Zum Beispiel könnte, wenn ein Produkt kurz davor ist, ausverkauft zu sein, ein dynamischer Badge

„Fast weg!" darauf platziert werden, um die Kunden zu informieren und einen Kaufanreiz zu schaffen.
6. **Auswertung der Produktseitenaufrufe:** Die Anzahl der einzelnen Besucher, die ein Produkt anzeigen oder eine Produktseite besuchen, kann ein wichtiger Indikator für die Popularität eines Produkts sein.
7. **Kohorten-Produktanalyse:** Die Kohortenanalyse beobachtet das Verhalten verschiedener Kundengruppen, also Kohorten, über einen bestimmten Zeitabschnitt. Durch die Gruppierung von Produkten und den nachfolgenden Vergleich mit anderen Produktkohorten oder -kategorien kann man herausfinden, welche Faktoren die Leistung beeinflussen. Dies kann zum Beispiel auf einer Kategorie-Ebene durchgeführt werden, wie beispielsweise die Performance einer Matratze im Vergleich zu anderen Produkten in der Schlafzimmerkategorie. Oder man kann Produkte anhand von ausgewählten Metriken vergleichen, wie zum Beispiel das Klickverhalten für die Matratze in einer Retargeting-Kampagne im Vergleich zu einer E-Mail-Kampagne. Mit diesen Erkenntnissen kann die Produktdarstellung optimiert und die Produktfindung auf Ihrer Website verbessert werden.

8.3 Der Ursprung von Product Analytics: Software-as-a-Service

Da Product Analytics ursprünglich sogar für Software-as-a-Service bzw. allgemein für den Bereich der Software entwickelt wurde, ist sie heutzutage auch die Branche in der Product-Analytics-Lösungen bislang am meisten Durchdringung erfahren. Product Analytics kann einen signifikanten Einfluss auf die Nutzerbindung und Kundenzufriedenheit ausüben und daher zum Wachstum eines Software-as-a-Service-Unternehmens beitragen. Dies ist vor allem daher relevant, da viele Software-as-a-Service-Lösungen den größten Hebel zur Skalierung im sogenannten Selfservice ihrer Nutzer sehen. Das heißt, der liebste Kunde ist der, der das Tool ohne jegliches menschliches Zutun nutzt und bei Problemen schlimmstenfalls den Support kontaktiert, am besten sich aber in Hilfe-Dateien oder User-Foren selbst Hilfe sucht.

Dabei bleibt natürlich auch viel direktes User-Feedback auf der Strecke, was die Bedeutung von Product Analytics in diesem Bereich zeigt. Denn, wenn User nicht in persönliche Interaktion mit dem Unternehmen treten, sind Daten wichtig, um einen Überblick über den Status Quo der Kundenbeziehung und auch der Zufriedenheit der Kunden zu erlangen.

Der goldene Weg dabei ist es, eine Menge an breiten Daten zu sammeln. Angefangen bei grundlegenden Informationen wie die Anzahl der Nutzer und die Häufigkeit ihrer Nutzung des Produkts, bis hin zu spezifischeren Daten wie die Nutzungsdauer und die Aktivitätsrate. Eine detaillierte Analyse kann über die üblichen Nutzerdaten hinausgehen und weitere spezifische Informationen liefern. Diese könnten beispielsweise Einblicke darüber bieten, welche Funktionen von den Nutzern am meisten geschätzt werden, welche Aspekte der Software als problematisch empfunden werden und in welchen Bereichen es Raum für Verbesserungen oder Ergänzungen gibt.

Ein effektives Werkzeug zur Produkt-Nutzungsanalyse sollte in der Lage sein, eine klare und umfassende Übersicht über diese Daten zu liefern. Darüber hinaus sollte es flexibel genug sein, um auf spezifische Benutzersegmente einzugehen und personalisierte Analysen auszuführen. Idealerweise sollte gerade vor dem Aspekt der nichtdirekten Kommunikation mit den Nutzern sowohl quantitatives als auch qualitatives Feedback gesammelt werden. Beide Elemente sind unabdingbar, um tiefgreifende Erkenntnisse über das Nutzerverhalten zu gewinnen. Quantitative Daten, wie beispielsweise Klickzahlen und Nutzungsdaten, können Informationen über die generelle Nutzung liefern. Qualitative Daten hingegen, wie z. B. Nutzerfeedback und Umfrageergebnisse, stellen eine persönlichere und tiefgründigere Perspektive des Nutzererlebnisses dar.

Die wirkliche Macht der Produktanalysen liegt jedoch in der Anwendung der erlangten Informationen. Ein sorgfältiges Verständnis des Nutzerverhaltens und der Präferenzen kann Unternehmen dabei unterstützen, ihre SaaS-Produkte zu optimieren und zu personalisieren. Dabei wird nicht nur die Kundenzufriedenheit gesteigert, sondern auch die Nutzerbindung verbessert und letztendlich der Unternehmenserfolg gefördert.

Beispielsweise kann eine hohe Rate an Produktabandonment, also der Absprung in der Nutzung, ein Indikator für ein zugrunde liegendes Problem sein. Eine eingehende Untersuchung der Nutzungsdaten kann den Schlüssel zur Identifizierung und Lösung dieses Problems bieten. Die Schwierigkeiten können vielfältig sein: Eine bestimmte Funktion könnte schwer zu finden oder zu bedienen sein oder das Produkt könnte eine wichtige Erweiterung oder Verbesserung vermissen lassen, die von den Benutzern gefordert wird.

Produktanalysen können auch dazu beitragen, neue Funktionen und Features zu planen und zu entwickeln. Indem sie die Bedürfnisse und Wünsche der Nutzer abbilden, können sie dazu beitragen, die Kundenzufriedenheit zu erhöhen und gleichzeitig die Performance des Produkts zu verbessern. Auf diese Weise kann sich das Produkt ständig weiterentwickeln und an die sich ändernden Marktanforderungen anpassen.

Ein weiterer wichtiger Aspekt der Produkt-Nutzungsanalyse ist die Identifizierung der sogenannten Power-User. Dies sind die Nutzer, welche das Produkt intensiv nutzen und daher einen besonders hohen Wert für das Unternehmen darstellen. Die Analyse ihres Verhaltens kann Einblicke darüber liefern, was das Produkt attraktiv macht und wo es noch Verbesserungspotenzial gibt. Durch die intensive Nutzung dieser Nutzergruppe besteht die Möglichkeit, eine Menge wertvoller Daten zu sammeln und auszuwerten. Letztendlich zielt die Optimierung des Produkterlebnisses darauf ab, mehr Nutzer in solche Power-User zu verwandeln, indem das Produkt auf ihre spezifischen Bedürfnisse und Wünsche zugeschnitten wird. So wird ein Kreislauf entstehen, in dem das Produkt kontinuierlich verbessert wird, je mehr es genutzt wird.

8.4 Product Analytics im Medien- und Entertainment-Bereich: die digitale Revolution meistern

Die digitale Transformation hat die Art und Weise, wie wir Medien konsumieren und interagieren, substanziell verändert. Dank des Online-Zeitalters und der digitalen Technologie haben Einzelpersonen jetzt Zugang zu einem unaufhörlichen Strom von Inhalten und Unterhaltung. Sie haben auch die Macht, auszuwählen, wann, wo und wie sie diese Unterhaltungen erleben – ein klarer Übergang von den traditionellen Mustern passiver Betrachtung oder Zuhören. Dies führt zu einer bedeutenden Herausforderung für Medien- und Unterhaltungsunternehmen – die ständige Notwendigkeit, sich neu zu gestalten, innovativ zu bleiben und den Erwartungen der Benutzer einen Schritt voraus zu sein. Hier kommen Produktanalysen ins Spiel.

Bei den Produktanalysen geht es um den Einsatz von Software-Werkzeugen zur Erfassung und Interpretation von Benutzerinteraktionen, um Einblicke in die Produktleistung zu erlangen. Sie ermöglichen es Medien-Unternehmen, Datenmuster zu identifizieren und strategische Geschäftsentscheidungen zu treffen. Noch wichtiger ist, dass sie eine Schlüsselrolle bei der Personalisierung des Benutzererlebnisses spielen. Durch das tiefe Verständnis von Benutzerpräferenzen und -gewohnheiten können Inhalte und Erfahrungen angepasst werden, um individuelle Zuschauer oder Zuhörer besser zu bedienen. Das ist vor allem daher ratsam, da Nutzer in der Regel deutlich mehr Zeit mit Medienangeboten verbringen als beispielsweise mit E-Commerce- oder transaktionsbasierten Webseiten. Dadurch lassen sich in der Regel deutlich mehr Daten sammeln und analysieren als in vielen anderen Branchen.

Durch die Nutzung von Produktanalysen können Medien- und Unterhaltungsunternehmen eine Vielzahl von Aspekten ihres Geschäfts beleuchten. Dies reicht von der Identifizierung von Zuschauertrends und Mustern bis hin zur Erfolgsmessung von Marketingkampagnen. Die Datensammlung und -analyse ermöglicht die Entdeckung und das Verständnis von Benutzermustern und -verhalten, die bisher übersehen oder missverstanden wurden. Durch diese fundierten Einblicke können Marken ihre Inhaltsstrategien anpassen, personalisierte Empfehlungen erstellen und das Nutzererlebnis verfeinern. (Nesbitt, 2023).

Streaming-Dienste sind ein perfektes Beispiel dafür, wie Produktanalysen verwendet werden können, um den Nutzen für den Benutzer zu maximieren. Unternehmen wie Netflix und Spotify sind Vorreiter in der Nutzung von Produktanalysen zur Verbesserung des Nutzererlebnisses. Durch die detaillierte Analyse von Betrachtungs- und

Hörgewohnheiten können sie zielgerichtete Empfehlungen machen und originelle Inhalte entwickeln. Dies basiert auf Nutzerpräferenzen und bietet somit ein maßgeschneidertes und ansprechendes Erlebnis.

Darüber hinaus sind Produktanalysen für die Bewertung und Verbesserung von Werbekampagnen von entscheidender Bedeutung. Durch die Sammlung und Analyse von Benutzerdaten können Unternehmen besser verstehen, wie Benutzer auf Werbung reagieren. Dies kann Wissen darüber generieren, welche Arten von Werbung ansprechend sind, wann Werbung am besten angezeigt wird und welche demographischen Merkmale besonders wahrscheinlich auf bestimmte Werbebotschaften reagieren. Dies ermöglicht den Unternehmen, ihre Werbestrategie zu verfeinern und bietet auch Werbepartnern einen höheren Wert, indem es die Wirkung und den ROI ihrer Werbeinvestitionen demonstriert.

Eine branchenspezifische Herausforderung ist jedoch in vielen Bereichen auch das Rennen gegen die Zeit. Medieninhalte sind häufig stark News getrieben und benötigen daher Echtzeit- beziehungsweise sehr kurzfristige Daten. So werden beispielsweise die Sortierungen von News auf Startseiten oder auch die Überschriften von Artikeln in Echtzeit optimiert, um so Konkurrenzvorteile zu generieren bzw. dafür zu sorgen, dass die Verweildauer der Nutzer und damit auch potenzielle Werbeumsätze mit Nutzern optimiert werden können. Entscheidend dabei ist jedoch, dass Daten nicht klassisch session-basiert, sondern event-basiert vorliegen. Denn während klassische Session-basierte Systeme die Daten meist erst nach Ende des Besuchs eines Nutzers zur Verfügung stellen, was je nach Setup meist bedeutet 20–30 min nach der letzten Aktion, die ein Nutzer auf der Seite getätigt hat, erlauben event-basierte Systeme es häufig schon direkt bei Auslösen des Events diese Daten zu analysieren. Da die meisten Product-Analytics-Systeme auf diese Weise aufgebaut sind und Userinteraktionen so erfassen, sind sie quasi prädestiniert für einen Einsatz in zeitkritischen Branchen.

Produktanalysen können auch dazu beitragen, Innovationen in der Medien- und Entertainment-Industrie voranzutreiben. Da Benutzer immer anspruchsvoller und selektiver werden, kann die kontinuierliche Überwachung und Analyse von Benutzerdaten neue Erkenntnisse und Möglichkeiten in Bezug auf Inhalte und Liefermodelle bieten.

Da allerdings noch recht wenige klassische Online-Medienkonzerne auf Product-Analytics-Daten setzen, besteht in dieser Branche viel Raum für datengetriebene Optimierung. In dieser Branche schlummert ein großes Potenzial für Product-Analytics-Anbieter.

8.5 Product Analytics in Banking und Finance: „Kochen, was den Kunden schmeckt"

In der heutigen Geschäftswelt verlassen sich Banken und Finanzunternehmen nicht mehr nur auf ihr Bauchgefühl oder langjährige Erfahrung. Stattdessen setzen sie verstärkt auf eine clevere Methode namens Product Analytics. Sie wird verwendet, um Berge von Daten zu durchforsten und entscheidende Informationen zu extrahieren, die dabei helfen, den Erfolg eines Produkts zu bewerten und zu verbessern. Mit diesem Konzept lässt sich alles von der Produktleistung über das Kundenverhalten bis hin zum Produktgebrauch besser verstehen und interpretieren.

Stellen Sie sich dazu vor, dass Sie Bankdirektor sind und eine Entscheidung über eine neue Kreditkartenaktion treffen müssen. Product Analytics kann Ihnen zeigen, welche Art von Angeboten bei den Kunden am besten ankommt, an welchen Tagen und Uhrzeiten sie am meisten einkaufen und welche Kreditkartenfunktionen sie am häufigsten nutzen. Mit diesen Informationen können Sie dann eine Werbeaktion erstellen, die auf die Bedürfnisse Ihrer Kunden zugeschnitten ist.

Die Vorteile der Anwendung von Produktanalysen in Banken und Finanzgesellschaften können wir in vier Hauptziele einteilen:

- Kundenbindung
- Produktinnovation
- Risikomanagement und
- Geschäftswachstum.

Zum Thema Kundenbindung: Wer möchte nicht einen stabilen und loyalen Kundenstamm haben, oder? Mithilfe der Produktanalyse können Banken herausfinden, welche Dienstleistungen wirklich bei den Kunden ankommen. Zum Beispiel könnte es sein, dass Kunden, die regelmäßig ins Ausland reisen, eine Kreditkarte mit weniger Auslandsgebühren bevorzugen. Also, warum nicht auf diese Weise ein Kundenbindungsprogramm entwickeln?

In Bezug auf Produktinnovation ist es wie bei einem Koch, der versucht ein neues Rezept zu kreieren. Ohne die Meinungen der Gäste zu kennen, weiß er nicht, welche Zutaten geschätzt werden und welche vermieden werden sollten. Produktanalysen können Banken als wertvolles Feedback ihrer Kunden dienen und ihnen helfen, ihre Produkte und Dienstleistungen zu verbessern (Abb. 8.1). (Saxon, 2022).

Beim Risikomanagement kann die Produktanalyse den großen Krisenplaner spielen. Sie kann dabei helfen, verborgene Risiken zu erkennen und Strategien zur Risikoverminderung auf dem Finanzmarkt zu entwickeln. Zum Beispiel könnten Banken herausfinden, dass eine bestimmte Investition in den letzten Monaten zu viele Verluste verursacht hat, was sie dazu veranlassen könnte, ihre Investitionsstrategie zu überdenken. (Saxon, 2022).

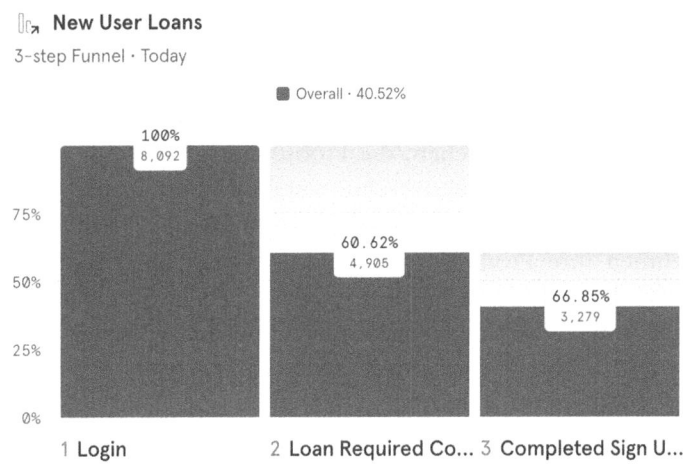

Abb. 8.1 Beispielreport aus dem Finance-Bereich aus dem Tool Mixpanel

Schließlich hilft die Produktanalyse den Finanzinstituten beim Ausbau und Wachstum ihrer Geschäfte. Es ist vergleichbar mit dem Kartenlesen während einer Schatzsuche – die Produktanalyse kann Ihnen zeigen, wo Sie in Bezug auf Produktverkaufszahlen und Kundenfeedback stehen und wohin Sie in der Zukunft navigieren könnten. Sind Ihre aktuellen Hypothekenpakete ein Hit? Dann sollten Sie vielleicht in ähnlicher Weise weitere Darlehensprodukte entwickeln!

Kurzum, die Produktanalyse ist ein vielseitiges Werkzeug für jeden Banker oder Finanzexperten. Sie ist nicht nur ein hilfreicher Lotse, der den Weg durch die gewaltige Informationsschwemme weist, sondern auch ein strategischer Berater, der bei der Steuerung des Unternehmenserfolgs eine unschätzbare Hilfe leisten kann. Auch wenn die Finanzwelt manchmal ein hartes Pflaster sein kann, kann die Produktanalyse dabei helfen, einen klaren Kurs zu halten und weiterhin positive Ergebnisse zu erzielen.

Fazit

Die branchenspezifische Anwendung von Product Analytics ist entscheidend, um marktspezifische Einblicke zu gewinnen und maßgeschneiderte Lösungen zu entwickeln. Jede Branche hat ihre eigenen Herausforderungen, Zielgruppen und Marktbedingungen, die die Produktentwicklung und -leistung beeinflussen. Durch eine branchenspezifische Produktanalyse können Unternehmen effektivere und gezieltere Analysen durchführen und ihre Ziele besser erreichen.

Im eCommerce-Bereich kann Product Analytics dabei helfen, das Kundenverhalten zu verstehen, die Produktleistung zu optimieren und Marketingkampagnen effektiver zu gestalten. Durch die Anpassung der Analysetools an die spezifischen Bedürfnisse der Branche können Unternehmen ihre Produkte besser positionieren und Kundenbedürfnisse besser bedienen. Im Software-as-a-Service-Bereich kann Product Analytics zur Verbesserung der Kundenzufriedenheit beitragen, indem es die Nutzerbindung erhöht und die Produktstrategie an die Bedürfnisse der Kunden anpasst. Durch die Analyse von Nutzerdaten können Unternehmen personalisierte Marketingkampagnen durchführen und ihre Produkte weiterentwickeln, um den Anforderungen der Kunden gerecht zu werden. Im Medien- und Entertainment-Bereich ermöglicht Product Analytics eine bessere Personalisierung von Inhalten und Werbekampagnen. Durch die Analyse von Benutzerdaten können Unternehmen die Bedürfnisse und Vorlieben der Nutzer besser verstehen und ihre Angebote entsprechend anpassen. Dadurch können sie eine bessere Nutzererfahrung bieten und ihre Geschäftsergebnisse verbessern. In der Banken- und Finanzbranche kann Product Analytics dazu beitragen, die Kundenbindung zu stärken, Produktinnovationen voranzutreiben und das Risikomanagement zu verbessern. Durch die Analyse von Benutzerdaten können Banken und Finanzunternehmen ihre Produkte und Dienstleistungen besser auf die Bedürfnisse der Kunden abstimmen und Risiken besser erkennen und managen.

> **Ihr Transfer in die Praxis**
>
> - Eine branchenspezifische Produktanalyse ermöglicht ein besseres Verständnis des Marktes und der Kunden.
> - Der eCommerce kann Product Analytics zur Optimierung von Marketing- und Verkaufsstrategien sowie zur Anpassung der Produktstrategie an die Bedürfnisse der Kunden genutzt werden.
> - Im Software-as-a-Service-Bereich kann Product Analytics dazu beitragen, die Kundenzufriedenheit zu verbessern, die Nutzerbindung zu erhöhen und die Produktstrategie anzupassen.
> - Medienunternehmen nutzen Product Analytics, um Inhalte besser auf die individuellen Bedürfnisse und Vorlieben der Nutzer abzustimmen, Werbekampagnen zu optimieren und Innovationen voranzutreiben.
> - Der Banken- und Finanzbranche kann Product Analytics dabei helfen, die Kundenbindung zu verbessern, Produktinnovationen voranzutreiben, das Risikomanagement zu optimieren und das Geschäftswachstum zu fördern

Literatur

Nesbitt, T. (2023). 3 Ways media and entertainment companies can leverage behavioral data. *Amplitude.* https://amplitude.com/blog/media-entertainment-personalization. Zugegriffen: 01. Aug. 2023.

Saxon (2022). The 6 Definitive Data Analytics use cases in banking and financial services. *Saxon.* https://saxon.ai/blogs/data-analytics-use-cases-in-banking-and-financial-services/. Zugegriffen: 01. Aug. 2023.

Wintermeier, N. (2023). 11 eCommerce product analytics: Turning data into actionable insights. *Crobox Blog.* https://blog.crobox.com/article/ecommerce-product-analytics. Zugegriffen: 01. Aug. 2023.

9

Exkurs: Google Analytics 4: ein geeignetes Product-Analytics-System?

> **Was Sie aus diesem Kapitel mitnehmen**
>
> - Was Google Analytics 4 ist und wie es sich von früheren Versionen unterscheidet.
> - Welche Merkmale und Vorteile Google Analytics 4 bietet.
> - Warum Google Analytics wichtig ist für Product Analytics.
> - Wie man Google Analytics 4 einrichten kann.
> - Was die wichtigsten Neuerungen und Funktionen in Google Analytics 4 sind.

9.1 Einführung in Google Analytics 4

Google Analytics 4 (GA4) stellt die neueste Evolutionsstufe der weltweit genutzten Analysesoftware von Google dar. Es ist eine neue Art von Datenverwaltungsplattform, die für die zukünftige Messung und Analyse von Benutzerdaten konzipiert ist. Im Gegensatz zu den herkömmlichen Versionen sammelt GA4 sowohl Daten von Websites als auch von Apps, um ein umfassenderes Verständnis der Kundenreise zu ermöglichen. Hierbei setzt GA4 auf ereignisbasierte Daten und nicht auf sitzungsbasierte Daten.

Was bedeutet das für die Nutzer? GA4 kann Benutzer über verschiedene Geräte und Sitzungen hinweg nachverfolgen und bietet somit ein vollständigeres und genaues Bild vom Verhalten der Benutzer. Dies ermöglicht ein tieferes Verständnis der Interaktionen der Benutzer auf Ihrer Website und in Ihrer App.

Ein weiterer zentraler Bestandteil von Google Analytics 4 ist die Einbeziehung von Datenschutzkontrollen wie die Messung ohne Cookies und die Modellierung von Benutzerverhalten und Konversionen. Dies ist besonders hilfreich in der modernen Datenschutzlandschaft, da Sie Ihre Nutzer auch dann verfolgen können, wenn diese sich gegen die Verwendung von Cookies entschieden haben.

Darüber hinaus spielt die Prognosefähigkeit von Google Analytics 4 eine große Rolle. Mit GA4 kann man basierend auf den gesammelten Daten Vorhersagen hinsichtlich des zukünftigen Verhaltens der Nutzer treffen. Diese Funktion kann Ihnen bei der Planung und Optimierung Ihrer Marketingkampagnen zugutekommen.

9.1.1 Merkmale von Google Analytics 4

Google Analytics 4 bietet mehrere Schlüsselfunktionen, die es sowohl für kleine als auch große Organisationen attraktiv machen:

- **Ereignisbasierte Daten**: GA4 verwendet ereignisbasierte Daten, was bedeutet, dass jede Interaktion eines Benutzers auf Ihrer Website oder App erfasst und analysiert werden kann. Diese Funktion gibt Ihnen ein vollständigeres Bild des Verhaltens Ihrer Benutzer im Vergleich zu sitzungsbasierten Daten.
- **Datenschutzkontrollen:** GA4 berücksichtigt die zunehmenden Datenschutzanforderungen von Nutzern und Regulierungsbehörden. Funktionen wie die Messung ohne Cookies und die Modellierung von Verhalten und Konversionen ermöglichen es Ihnen, die Aktivitäten Ihrer Benutzer auch ohne Cookies zu verfolgen.

- **Predictive Analytics**: Mithilfe Ihrer Daten kann GA4 Vorhersagen über zukünftiges Benutzerverhalten treffen. Diese Funktion kann bei der Optimierung Ihrer Marketingkampagnen äußerst nützlich sein.
- **Unified Measurement**: GA4 verwendet ein einheitliches Messmodell, das es Ihnen ermöglicht, die gleichen Daten zur Verfolgung von Benutzern auf Ihrer Website, App und anderen Kanälen zu verwenden.
- **Flexibles Datenmodell**: GA4 ermöglicht eine Anpassung der Berichte und Analysen an Ihre speziellen Bedürfnisse.

9.1.2 Vorteile der Verwendung von Google Analytics 4

Die Verwendung von Google Analytics 4 bietet eine Vielzahl an Vorteilen:

- **Genauere Daten:** Dank der Verwendung eines verbesserten Datenmodells im Vergleich zu Universal Analytics erhalten Sie eine genauere Darstellung des Benutzerverhaltens.
- **Besseres Verständnis der Customer Journey: Durch** das Tracking von Benutzern über verschiedene Geräte und Sitzungen hinweg, können Sie ein besseres Verständnis der Customer Journey erlangen.
- **Datenschutzfreundlich:** Mit den integrierten Datenschutzfunktionen ermöglicht GA4 ein Tracking der Benutzer, ohne auf Cookies angewiesen zu sein.
- **Predictive Analytics:** Durch Predictive Analytics können Sie fundiertere Entscheidungen über Ihre Marketingkampagnen treffen und zukünftige Verhaltensmuster vorhersehen.

9.1.3 Warum ist Google Analytics wichtig für Product Analytics?

Branchenweit wird stark diskutiert, inwieweit Google Analytics 4 ein klassisches Product-Analytics-System ist. Meiner Meinung nach lässt es sich aber in der Tat auch wie eines verwenden.

Mit GA4 können Product Analysts jede Aktion, die Benutzer auf einer Website oder in einer App durchführen, wie das Klicken auf eine Schaltfläche, das Durchstöbern von Produkten oder das Abschließen eines Kaufs, sammeln und analysieren. Durch diese Daten erhalten Product Analysts wertvolle Einblicke in das Benutzerverhalten, die sie bei der Beurteilung der Benutzererfahrung und beim Identifizieren von Verbesserungspotenzial unterstützen.

Nehmen wir als Beispiel einen E-Commerce-Shop. Durch die Nutzung von GA4 kann der Product Analyst die Aktionen der Benutzer auf jeder Seite, jedes Produkt und jeder Kategorie innerhalb der Website verfolgen und analysieren. Woher kommen die User? Was sehen sie sich an? Wo verlassen sie die Site? Diese Daten sind von unschätzbarem Wert, um zu verstehen, wie Benutzer mit dem Shop interagieren und welche Aspekte oder Produkte besonders attraktiv oder entmutigend sind.

GA4 bietet zudem eine erhöhte Datenkontrolle. Product Analysts können Datenströme konfigurieren und personalisieren, um spezifischere und gezieltere Berichte zu erstellen. Mit dieser granularen Kontrolle können Analysten besondere Nutzerereignisse hervorheben und tiefergehende Analysen durchführen. Zum Beispiel könnte ein Product Analyst eines Online-Spieleanbieters spezifische Datenströme konfigurieren, um zu verfolgen, wie oft Benutzer bestimmte Level oder Herausforderungen abschließen. Diese Informationen könnten dann zur Verbesserung der Spielebalance und Benutzererfahrung genutzt werden.

Zusätzlich zu diesen Funktionen bietet GA4 maschinelles Lernen und KI-gesteuerte Insights. Das Tool kann Muster und Trends im Nutzerverhalten erkennen und Unternehmen dabei helfen, vorausschauende Analysen durchzuführen. Ein Streaming-Service könnte beispielsweise prädiktive Modelle nutzen, um zu ermitteln, welche Shows und Filme wahrscheinlich ein Erfolg oder ein Misserfolg bei ihrer Nutzerbasis sein werden, und ihre Content-Strategie entsprechend anpassen.

Ein weiteres Schlüsselmerkmal von GA4 ist die Unterstützung von Datenintegrationen aus verschiedenen Quellen. Diese Funktion ist wichtig, da sie den Product Analysts eine 360-Grad-Sicht auf die Nutzererfahrung ermöglicht. Nehmen Sie beispielsweise ein Unternehmen, das eine Website und eine mobile App hat. GA4 könnte Daten aus beiden Plattformen kombinieren, um ein vollständiges Bild von der Kundenreise durch alle Kanäle zu erstellen. So lässt sich besser verstehen, wo die User Interaktionen starten, wo sie konvertieren und wo sie abbrechen. Das Ergebnis: Noch bessere Insights für strategische Entscheidungen.

9.1.4 Was sind die Unterschiede von Google Analytics 4 zu früheren Versionen?

Google Analytics ist ein unverzichtbares Tool für alle im digitalen Marketing und trägt erheblich zur Optimierung von Websites und Mobile Apps bei. Bisher gab es zwei prominente Versionen dieses Instruments: Universal Analytics (UA) und Google Analytics 4 (GA4). Beide Versionen haben ihre eigenen Merkmale und Funktionen, die sie von der jeweils anderen unterscheiden.

Universal Analytics, eingeführt im Jahr 2012, gilt oft als „klassische" Version von Google Analytics. Im letzten Jahrzehnt hat es sich als nützliches Tool erwiesen, um detaillierte Einblicke in Nutzerinteraktionen auf Websites und Apps zu erhalten. GA4, 2020 eingeführt, ist die neueste Version von Google Analytics, die mit erweiterten Funktionen und verbesserten Analysekapazitäten ausgestattet ist. (Linhart, 2021)

Beide Versionen unterscheiden sich grundlegend in ihrer Struktur. Während UA auf Sessions und Seitenaufrufen basiert, fokussiert sich GA4 auf Ereignisse und Parameter. Diese Unterscheidung ist von Bedeutung, weil sie die Art und Weise verändert, wie Daten erfasst und analysiert werden. UA verwendet sogenannte Hit-Scopes (User-, Session-, Hit- und Product-Scope), während GA4 auf Event-Scopes setzt (User- und Event-Scope). (Linhart, 2021)

Außerdem unterscheiden sich die beiden Versionen in Bezug auf ihre Erfassung und Auswertung von Daten. UA priorisiert das Verfolgen von Seitenaufrufen und Benutzersitzungen. Andererseits handelt es sich bei GA4 im Grunde genommen um ein ereignisbasiertes Modell. Das bedeutet, dass alle Interaktionen als Ereignisse betrachtet werden, einschließlich Seitenaufrufen. Beispielsweise werden Scrollen, Klicken auf einen Link oder das Verbringen einer bestimmten Zeit auf der Seite als Ereignisse gezählt und gesammelt. Dies unterscheidet sich von UA, wo Seitenaufrufe und Ereignisse getrennt betrachtet werden.

Ein weiterer bedeutender Unterschied ist die Dauer, für die Daten gespeichert werden. Während UA die Daten für einen Zeitraum von 26 Monaten speichert, bietet GA4 vorübergehend eine unbegrenzte Speicherung von Daten. Dies könnte ein ausschlaggebender Unterschied für diejenigen sein, die Zugriff auf historische Daten für ihre Analysen benötigen. (Linhart, 2021)

Im gleichen Kontext variieren die beiden Versionen auch hinsichtlich ihrer Fähigkeiten im Bereich E-Commerce Berichte. Während UA erweiterte E-Commerce-Berichte bietet, ermöglicht GA4 die Anpassung von E-Commerce-Ereignissen in Analyseberichten. Dies bietet den Anwendern mehr Kontrolle und Flexibilität.

Google hat in GA4 auch mehrere Verbesserungen eingeführt. Diese umfassen die Integration von App- und Webtracking in einer Property, automatisierte Tracking-Optionen und verbesserte maschinelle Lernfähigkeiten. Diese Verbesserungen erleichtern es den Benutzern, aussagekräftige Erkenntnisse aus ihren Daten zu gewinnen.

Eine weitere beeindruckende Verbesserung in GA4 ist die Nutzung von maschinellem Lernen und künstlicher Intelligenz. Während UA vor allem Cookie-basiert ist, basiert GA4 auf einer fortschrittlicheren Kombination von Cookies und anderen Verfahren – einschließlich der Modellierung auf der Grundlage von maschinellem Lernen. Diese Fähigkeit ermöglicht es GA4, Daten zu extrahieren und Berichte zu erstellen, selbst wenn Cookies blockiert sind.

Abschließend ist auch die individuelle Anpassungsfähigkeit verschieden. UA bietet eine etwas starre und begrenzte Struktur im Hinblick auf Anpassungsmöglichkeiten. Im Gegensatz dazu ermöglicht GA4 den Nutzern eine größere Kontrolle über ihre Daten und die Personalisierung ihrer Berichte.

9.2 Einrichtung von Google Analytics 4

Sie sollten die Chance des Wechsels auch nutzen, um Ihr Analytics-System noch einmal auf einer grünen Wiese aufzusetzen. Warum? Die Möglichkeiten, individuelle Ziele und Events in Universal Analytics zu tracken, waren bislang sehr eingeschränkt. Jetzt haben Sie die einmalige Gelegenheit, Ihr Analytics-System nicht nur zu aktualisieren, sondern auch gleich auf ein neues Level zu heben. Folgen Sie dafür diesen neun Schritten (Witzenleiter, 2022):

1. Lernen Sie das neue Datenmodell kennen
Der Wechsel bedeutet den Einstieg in eine komplett neue Welt, mit neuem User Interface und neuen Kennzahlen. Naturgemäß wird sich das ungewohnte Umfeld für Sie erst einmal neu und vielleicht auch etwas seltsam anfühlen. Daher sollten Sie sich im ersten Schritt in einem bereits vorhandenen Account einen Eindruck von dieser neuen Welt machen und sich mit den Logiken und Vorzügen vertraut machen. Hierfür bietet sich ein frei zugänglicher Demoaccount mit einem Beispiel-Property an:

2. Analysieren Sie Ihre Use Cases und erstellen Sie einen Tracking-Plan
Ihre Web Analytics noch einmal neu und von Grund auf zu planen, bietet viele Chancen. Sie sollten sich nun überlegen, welche Informationen Sie wirklich benötigen. Eine Logik, die sich dafür bewährt hat, ist die sogenannte Top-Down-Planung von Kennzahlen. Das heißt, Sie starten mit folgender Frage und fragen von da an immer nach der darunterliegenden Ebene: Was ist das Ziel Ihres Unternehmens? Was sind die Treiber, die dafür sorgen, dass Sie dieses Ziel erreichen können? Welche KPIs benötigen Sie, um den Erfolg dieser Treiber zu sehen? Welche Informationen benötigen Sie, um die KPIs aufstellen zu können? Welche Events müssen Sie aufsetzen, um diese Informationen zu erfassen?

Use Cases helfen Ihnen dabei, zu verstehen, welche Informationen Sie zusätzlich benötigen. Hier hilft es immer, sich in die Lage Ihrer

Nutzer*innen zu versetzen und eine oder besser gleich mehrere Customer Journeys aus Kund*innen-Sicht durchzuspielen. Welche Informationen benötigen Sie dafür? Sie könnten etwa sich bei der Verwaltung eines Online-Shops fragen, welche Informationen Sie über den Schritt Warenkorb benötigen. Zum Beispiel: Wie viele Artikel hat der/die Kund*in darin? Wie hoch ist der Preis? Hat die Person einen Rabattcode angegeben? Wie hoch ist Ihre Marge? Wie viele Marketing-Kosten haben Sie bereits für diesen/diese User*in ausgegeben, bis er diesen Schritt erreicht hat? Und so kommen Sie relativ schnell auf die Informationen, die für Ihr Tracking relevant sein dürften. Spielen Sie es gern einmal auf Ihrer Webseite oder in Ihrem Shop durch.

3. Prüfen Sie Ihre individuellen Informationen
Schauen Sie sich die Einstellungen Ihres aktuellen Universal Analytics-Accounts an und achten Sie dabei vorrangig darauf, was Sie bislang an Individualisierungen durchgeführt haben. Haben Sie bestimmte Filter genutzt, die Sie übertragen sollten? Etwa interne Nutzer*innen herausgefiltert? Welche Anwender*innen haben Sie bislang und wer bekommt welche Rechte? Wurden von den Anwender*innen Dashboards eingerichtet und falls ja, wie können sie diese Informationen im neuen Google Analytics 4 bekommen? Wurden eigene Dimensionen für bestimmte Anbindungen genutzt – zum Beispiel, um A/B-Tests über externe Anbieter richtig zu vertaggen? Welche Verknüpfungen mit Google Analytics werden bislang genutzt? Hier müssen Sie dringend Transparenz schaffen, um später nicht Äpfel mit Birnen zu vergleichen, und plötzlich keine Daten mehr zu haben.

4. Wählen Sie eine neue Google Analytics Property oder setzen Sie auf ein Upgrade
Entscheiden Sie sich, ob Sie eine komplett neue Google Analytics 4 Property anlegen möchten, oder ob Sie das Upgrade Ihres aktiven Universal-Analytics-Accounts auf Google Analytics 4 durchführen möchten. Die Empfehlung ist, eine komplett neue Property anzulegen – also ein Start-from-Scratch-Ansatz. Denn bei einem Upgrade können Sie leider so gut wie nichts übernehmen. Machen Sie lieber

reinen Tisch und nutzen Sie die Gelegenheit, sich einen komplett neuen Tracking-Plan zu überlegen, der alle Stärken des neuen Google Analytics 4 berücksichtigt.

Denken Sie dabei daran, dass die Art und Weise, wie Universal Analytics Daten trackt, nicht mehr dem aktuellen Standard entspricht. Wenn Sie versuchen nur das bestehende Universal Analytics in Google Analytics 4 nachzubauen, werden Sie nicht nur aller Voraussicht nach daran scheitern, sondern verschenken auch das ganze Potenzial, das in der neuen Datenstruktur von Google Analytics 4 liegt. So können Sie nun noch individueller mit Ihren Reports (vor allem User Flows und Funnels) arbeiten und können deutlich mehr individuell mittracken. Wie einzelne Felder in Funnels oder auch deutlich mehr ergänzende Informationen zu den einzelnen Ereignissen in Form der Event-Properties.

5. Machen Sie sich mit den Dimensionen und Messwerten vertraut
Da sich die Unterschiede der Systeme vorrangig in den Dimensionen und Messwerten zeigen, sollten Sie sich hier einfach und schnell einen Überblick verschaffen. Die Hilfe von Google Analytics 4 zeigt Ihnen einen guten direkten Vergleich der verschiedenen Änderungen zwischen Universal Analytics und Google Analytics 4 und dient gut als eine Checkliste, um bei der Umstellung nichts zu vergessen (Abb. 9.1).

Umfang in der Universal Analytics-Property	Wird in Ihrer Google Analytics 4-Property Folgendem zugeordnet
Auf Trefferebene	Benutzerdefinierte Dimension auf Ereignisebene
Auf Nutzerebene	Benutzerdefinierte Dimension auf Nutzerebene
Auf Sitzungsebene	Keine Entsprechung in Google Analytics 4-Property
Auf Produktebene	E-Commerce-Parameter

Abb. 9.1 Zuordnungen in Universal Analytics vs. Google Analytics 4. (Quelle: support.google.com)

6. Richten Sie Ihren Datenstream ein
Ein Datenstream ist eine Datenquelle, die Daten von Websites, iOS Apps und Android Apps verarbeiten kann. Dabei werden Sie gleich nach der Einrichtung gefragt, ob Sie auch die sogenannten Enhanced Measurement Events nutzen möchten. Diese Voreinstellung sorgt dafür, dass Google automatisch folgende wichtige Events mit misst:

- **Pageview = Seitenaufruf**
- **Scrolls = Scrolltracking**
- **Outbound Links = ausgehende Links auf andere Seiten**
- **Site Search = Interne Suche**
- **Video Engagement = YouTube Videos**
- **File Downloads = Downloads für alle gängigen Formate**

In diesem Schritt generieren Sie auch die Measurement ID, die Sie bei der Tracking-Einrichtung benötigen werden. Kopieren Sie sich diese daher unbedingt gleich heraus. Sie ist auch der Schlüssel zum Crossdomain-Tracking. Damit können Sie sicherstellen, dass all Ihre Websites/Apps in einem einzigen Datenstream erfasst werden.

Nun kommt einer der wichtigsten Schritte: die Einstellungen. Dabei können Sie nicht nur Ihre Domain definieren, sondern finden auch das nützliche Migrations-Tool von Universal-Analytics-Zielen, das Ihre custom ga()-Ereignisse, Timing- und Exception-Events übernimmt. Sie müssen dafür also erst mal nicht Ihren Code anpassen. Das ist ein großer Vorteil, wenn Sie keinen direkten Zugriff darauf haben. Aber Achtung: Die automatische Übernahme gilt nicht für Ihre Custom Dimensions/Metrics, Ihre Enhanced E-Commerce Events und Ihre User ID.

Nach diesen Einstellungen integrieren Sie den Tag wie gehabt entweder direkt oder über einen Tag Manager und warten, bis Sie die ersten Daten aus Ihrem Datenstream in der Property entdeckt. Dies kann bis zu 24 h dauern.

7. Importieren Sie Ihre Daten
Wie auch schon unter Universal Analytics können Sie ebenso in Google Analytics 4 Ihre Daten importieren – unter anderem funktioniert das

mit den Kostendaten, Artikeldaten, Daten von Nutzern nach User ID, Daten von Nutzern nach Client ID, sowie Offline Daten.

Wenn Sie es in der Vergangenheit nicht auch schon getan haben, sollten Sie spätestens jetzt über den Einsatz der User ID nachdenken. Dadurch können Sie Nutzer*innen zum Beispiel über einen Log-in auf der Webseite oder in der App noch besser identifizieren und so ein konsistentes, geräteübergreifendes Tracking ermöglichen. Ansonsten mischt Google Analytics 4 nun auch Daten aus Google Signals hinzu, um Nutzer*innen noch besser zu identifizieren. Dahinter verstecken sich die Daten von Seiten, die Dienste von Google – wie Werbung – integriert haben und so auch soziodemografische Daten senden, die nicht nur mehr Zielgruppendaten, sondern auch eine bessere Erkennung von Nutzer*innen ermöglichen sollen.

8. Passen Sie die Datenaufbewahrung an Ihre Bedürfnisse an
Sie können wählen, ob Ihre Daten in Google Analytics 4 zwei Monate (Minimum) oder bis zu 14 Monate (Maximum) gespeichert werden sollen. Hier sollten Sie sich intern mit Ihrem Datenschutzbeauftragten auf einen Standard einigen, da dies auch Auswirkungen auf Ihre historischen Daten in Ihren Custom Reports hat. Zudem sollten Sie dabei gleich über das Thema Google Signals sprechen, das datenschutzrechtlich teils kritisch gesehen wird.

9. Sorgen Sie für das richtige Training Ihrer Anwender
Wie bei allen Tools kommt es natürlich auch hier darauf an, die Mitarbeitenden in Ihrem Unternehmen richtig zu schulen, um sicherzustellen, dass das neue Tool richtig eingesetzt wird. Hier sollten Sie viel Vorlauf einplanen und den Anwenderinnen vorwiegend in der Parallel-Nutzungsphase erlauben, die Unterschiede zwischen beiden Systemen wahrzunehmen und neue Funktionalitäten zu entdecken. Eine vielversprechende Möglichkeit hierfür sind auch die Trainings und Zertifizierungen auf Skillshop, die von Google selbst empfohlen werden.

Welche Tools helfen Ihnen bei der Einbindung und Umstellung?
Falls Sie die eventbasierte Einrichtung scheuen und möglichst schnell und einfach wieder die wichtigsten Kennzahlen im Konto sehen

möchten, dann sollten Sie mal einen Blick auf neue Tracking Tools wie Freshpaint oder Convizit werfen. Diese können als sogenannte Auto-Tracking-Tools ähnlich simpel wie die früheren Tracking-Container von Universal Analytics implementiert werden. Der Clou ist, dass sie über KI oder über einen visuellen Editor bereits fertig gekennzeichnete Events generieren können und so die Einrichtung deutlich vereinfachen. In ersten Tests hat dies verblüffend reibungslos funktioniert. Gerade wenn Sie wenig technische Ressourcen haben oder Ihnen das Thema Events noch etwas zu komplex ist, kann das eine sinnvolle und hilfreiche Alternative zur einfachen Einrichtung sein.

9.3 Die wichtigsten Neuerungen in GA 4

Zunächst sei der neue Advertising-Workspace an dieser Stelle erwähnt. Dieses Feature ist eine Art Dashboard, das einen Schnappschuss Ihrer Werbemaßnahmen für Ihre Website und App liefert. Es ist eine zentrale Stelle, an der Sie wichtige Auswertungen wie Modellvergleiche und Konversionspfade betrachten können, die unter der „Attribution"-Einstellung zusammengefasst sind. Letzteres ist besonders interessant, da es Ihnen detaillierte Erkenntnisse darüber liefert, welche Werbemaßnahmen Abverkäufe oder andere wichtige Konversionen ausgelöst haben (Abb. 9.2). (Aina, 2022)

Der Modellvergleich/Modell Comparison
Diese Funktion ist ein leistungsfähiges Instrument, das Ihnen erlaubt, Filter auf Grundlage von fünf Bedingungen zu setzen, darunter die Alters- und Geschlechtsverteilung der Besucher sowie der Name der Zielgruppe (Benutzer oder Käufer). Sind diese Bedingungen einmal gesetzt, können Sie die Berichte nach Ihren Vorstellungen anpassen und erhalten so eine detaillierte Übersicht über das Verhalten Ihrer Kundengruppen.

Eine solche Übersicht könnte beispielsweise die Interaktionszeit – also die Zeitspanne, in der Nutzer auf Ihrer Website aktiv sind – oder die Konversionszeit – also die Dauer von der ersten Interaktion bis zur tatsächlichen Konversion – enthalten. Diese Informationen sind

9 Exkurs: Google Analytics 4: ein geeignetes … 143

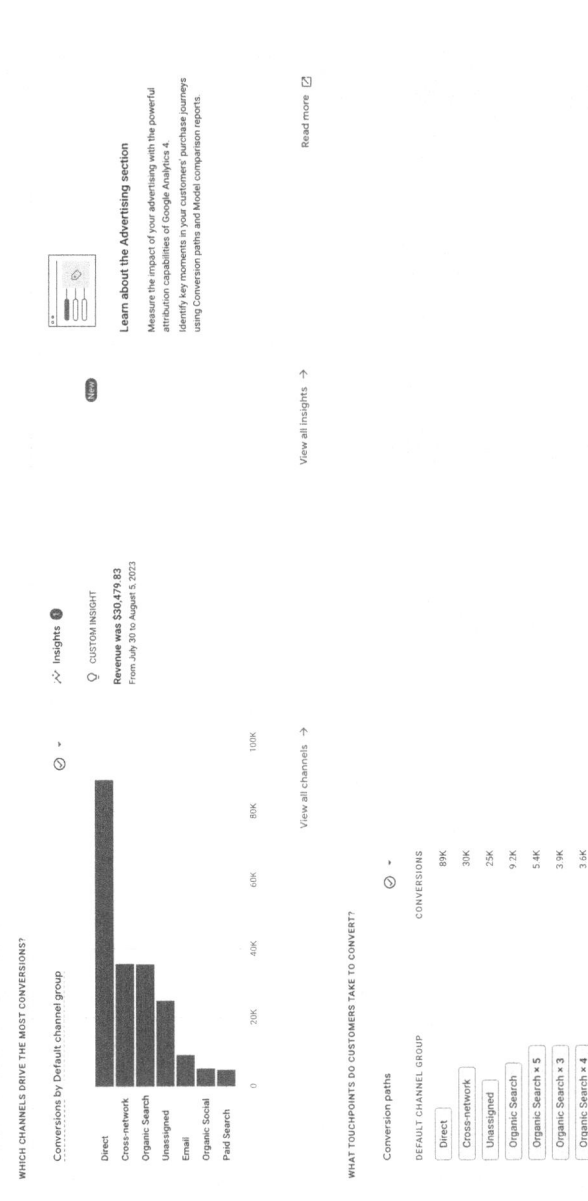

Abb. 9.2 Advertising Space in Google Analytics 4 (Screenshot)

wichtig, um effektive und zielgerichtete Werbemaßnahmen zu planen und umzusetzen.

Konversionspfade/Conversion Paths
Mit dieser Funktion erhalten Sie detaillierte Einblicke in die Reise (Customer Journey), die Nutzer auf Ihrer Website oder in Ihrer App auf dem Weg zur Konversion durchlaufen. Sie zeigt Ihnen den Gesamtumsatz, der durch Käufe auf der Website oder App erzielt wurde und visualisiert, wie viele Tage und wie viele Interaktionen mit der Werbung nötig waren, um Nutzer zu Käufern zu machen.

Ein weiteres innovatives Feature ist die Cohort Exploration
Hierbei handelt es sich um eine Art Gruppierungsfunktion, die es Ihnen ermöglicht, Website-Nutzer auf Basis von spezifischen Kriterien in Kohorten, also Nutzergruppen, einzuteilen. Anschließend können Sie beobachten, wie sich das Verhalten dieser Kohorten im Laufe der Zeit verändert. Was das so wertvoll macht, ist die Tatsache, dass Sie auf diese Weise sehr gezielte Einblicke in bestimmte Kundensegmente gewinnen und so Ihre Werbe- und Marketingmaßnahmen weiter optimieren können.

GA4 bietet außerdem die Möglichkeit, prädiktive Metriken zu ermitteln. Mit dieser Funktion können Sie vorhersehen, welche Maßnahmen wahrscheinlich funktionieren und welche weniger effektiv sind.

Um diese Funktion zu nutzen, müssen Sie zunächst Ihre Zielgruppe festlegen und dann die entsprechenden Metriken für den Vergleich hinzufügen. Die Metriken für den Vergleich ähneln den Bedingungen, die im Modellvergleich verfügbar sind, und lassen sich recht intuitiv verwenden. Mit prädiktiven Metriken können Sie die Analytics für Ihre Zielgruppe nach Plattform, Gerätekategorie und App-Version anzeigen. Das sind nur drei der vielen Funktionen, die in GA4 verfügbar sind, aber sie vermitteln bereits einen guten Eindruck von der Reichweite und Tiefe der Analysemöglichkeiten, die Ihnen mit GA4 zur Verfügung stehen.

Es ist jedoch auch wichtig zu wissen, dass der Wechsel zu GA4 wahrscheinlich einige Auswirkungen auf Ihre Datenanalyse haben wird. Eine der wichtigsten Änderungen ist die verstärkte Nutzung von künstlicher Intelligenz und maschinellem Lernen in GA4, um bessere Prognosen und wertvollere Erkenntnisse zu liefern. Eine solche Erkenntnis kann zum Beispiel die Vorhersage des Kundenverhaltens sein, das sich auf der Grundlage früherer Interaktionsmuster ableiten lässt. Dies kann Ihnen dabei helfen, das Kundenerlebnis auf Ihren Plattformen zu verbessern. Mit den prädiktiven Maßnahmen und der Analyse des Kundenverhaltens können Sie auch prognostizieren, welche potenziellen Einnahmen Ihr Unternehmen in einem bestimmten Zeitraum erzielen könnte.

Auf Basis dieser Vorhersagen kann Ihr Werbeteam entscheiden, welche Kundenkohorten wahrscheinlich dazu beitragen werden, diesen Umsatz zu generieren, und seine Werbemaßnahmen entsprechend ausrichten. Dabei können Manager darüber entscheiden, welche Anreize sie dieser Kundengruppe bieten möchten, während das Marketing- und Verkaufsteam daran arbeitet, ihre Aussichten und Leads in Käufer zu konvertieren.

Die Berichterstattung in GA4 ist anders als in Universal Analytics – aber nicht unbedingt schlechter. Die Eckpfeiler der Berichterstattung in GA4 sind die drei Hauptberichtssegmente: Echtzeit, Lebenszyklus und Benutzer. Jedes dieser Segmente hat seine eigenen Untersubsegmente und bietet Ihnen verschiedene Arten von Berichten.

Fazit
Zusammenfassend kann festgestellt werden, dass Google Analytics 4 eine leistungsstarke und fortgeschrittene Version der weltweit beliebten Analysesoftware ist. Es ermöglicht eine umfassendere Erfassung und Analyse von Benutzerdaten über verschiedene Geräte und Sitzungen hinweg. Durch die Verwendung von ereignisbasierten Daten und Datenschutzkontrollen kann GA4 genaue Informationen über das Benutzerverhalten liefern, selbst wenn Cookies blockiert sind. Die Prognosefähigkeit und die flexiblen Anpassungsmöglichkeiten von GA4 bieten Unternehmen wertvolle Einblicke in das Verhalten ihrer Kunden und unterstützen sie bei der Planung und Optimierung ihrer Marketingkampagnen. Es ist wichtig, bei der Einrichtung von GA4 den neuen Tracking-Plan zu berücksichtigen und die Schulung der

Anwender sicherzustellen. Die wichtigsten Neuerungen von GA4 umfassen den Advertising-Workspace, den Modellvergleich, Konversionspfade, Cohort Exploration und prädiktive Metriken. Obwohl der Wechsel zu GA4 einige Änderungen in der Datenanalyse mit sich bringt, bietet die Kombination von künstlicher Intelligenz und maschinellem Lernen neue Möglichkeiten zur Verbesserung des Kundenerlebnisses und zur Optimierung des Geschäfts

> **Ihr Transfer in die Praxis**
> - Je nachdem, wie Marketing-lastig Ihre Kennzahlen sein sollen, kann GA 4 ein guter Einstieg in die Welt der Produkt-Analyse sein.
> - Sie können Benutzerdaten über verschiedene Geräte und Sitzungen hinweg nachverfolgen und ein umfassenderes Verständnis vom Verhalten der Benutzer gewinnen.
> - Mit Predictive Analytics können Vorhersagen über das zukünftige Benutzerverhalten getroffen werden, um Marketingkampagnen zu optimieren.
> - GA4 bietet ein deutlich flexibleres Datenmodell als noch Universal Analytics, da es an spezifische Bedürfnisse angepasst werden kann.
> - Verwenden Sie neue Features wie den Advertising Workspace, Modellvergleich, Conversion Paths, Cohort Exploration und prädiktive Metriken für detaillierte Einblicke und optimierte Werbe- und Marketingmaßnahmen.

Literatur

Aina, T. A. (2022, December 12). The analyst's guide to google analytics 4. *Panoply*. https://blog.panoply.io/google-analytics-4-guide-for-analysts. Zugegriffen: 23. Juni 2023.

Linhart, M. (2021). Universal Analytics vs. Google Analytics 4: Alle Unterschiede im Vergleich – für den einfachsten Umstieg aller Zeiten46 min Lesezeit. ANALYTICSkiste. https://www.analyticskiste.blog/analytics/ua-ga4-unterschiede-im-vergleich/. Zugegriffen: 23. Juni. 2023.

Witzenleiter, M. (2022). Google Analytics 4 einrichten. OMR Reviews. https://omr.com/de/reviews/contenthub/google-analytics-4-einrichten. Zugegriffen: 23. Juni. 2023.

10
Die Zukunft von Product Analytics

> **Was Sie aus diesem Kapitel mitnehmen**
>
> - Wie Künstliche Intelligenz und Maschinelles Lernen die Zukunft der Produktanalyse prägen.
> - Warum Echtzeit-Datenanalyse immer wichtiger wird.
> - Warum die Personalisierung des Benutzererlebnisses zum Standard wird.
> - Welche Vorteile eine verbesserte Datenvisualisierung bringt.
> - Wie sich vernetzte Datensysteme auf die Produktanalyse auswirken werden.

10.1 Wohin führt die Zukunft von Product Analytics?

Wenn wir über den Tellerrand in die Zukunft blicken, zeigt sich ein faszinierendes Bild. Die Produktanalyse wird ordentlich durchgeschüttelt und macht gerade eine spektakuläre Transformation durch. Was können wir erwarten? Hier sind meine Prognosen.

1. Überwältigende Künstliche Intelligenz (KI) und maschinelles Lernen (ML)
KI und ML haben bereits damit begonnen, die Zukunft der Produktanalyse zu prägen, indem sie Automatisierung und Vorhersageanalysen ermöglichen. Bald werden wir eine intensivere Verschmelzung von KI und ML in den Tools für die Produktanalyse sehen. Das bedeutet: Unternehmen können zukünftige Trends besser vorhersagen, mühselige Aufgaben automatisieren und strategische Entscheidungen treffen. Klingt doch super, oder?

2. Echtzeit-Datenanalyse im Eiltempo
Ein kurzer Blick sagt mehr als tausend Worte, und wenn der Blick in Echtzeit erfolgt, ist es noch besser. In Zukunft wird der Wunsch nach Erkenntnissen in Echtzeit noch stärker werden. Unternehmen werden daher kräftig in Blink-of-an-Eye-Technologien investieren, die eine umfassende Echtzeit-Datenanalyse ermöglichen. Das bedeutet schnellere Entscheidungsfindung und Anpassungsmöglichkeiten.

3. Personalisierung des Benutzererlebnisses – Der neue Standard
Mit genügend Kenntnis über das Verhalten der einzelnen Benutzer ist es möglich, das Produkt perfekt auf jeden Benutzer abzustimmen. Diese Art von Personalisierung wird bald zum Standard gehören, und fortgeschrittene Produktanalysen werden das Ganze noch einfacher machen.

4. Ausgefeiltere Datenvisualisierung
Interaktive Datenvisualisierungstools werden mit der Zeit immer raffinierter und bieten daher ein besseres Verständnis für komplexe Daten. Die Visualisierung von Daten kann zu weitaus aussagekräftigeren Erkenntnissen und fundierteren Entscheidungen führen.

5. Vernetzte Datensysteme – vereinfachte Datenintegration
Die Zukunft wird wahrscheinlich einen Anstieg von miteinander verbundenen Datensystemen sehen. Das bedeutet eine reibungslose Datenintegration über verschiedene Plattformen hinweg. Die Analyseprozesse

werden optimiert und die Gesamtgenauigkeit der gewonnenen Erkenntnisse nimmt zu. Fantastisch, kein Datendschungel mehr!

6. Datenprivatsphäre und Sicherheit – Eine Notwendigkeit
Immer mehr Unternehmen setzen auf Produktanalyse, und dies bringt eine wichtige Anforderung mit sich: Datenschutz und Datensicherheit. Hier ist ein verstärkter Fokus auf die Governance von Daten erforderlich, ebenso wie die Einhaltung strengster Datenschutzvorschriften.

7. Der Aufstieg der Predictive Analytics
Die Predictive Analytics, angetrieben durch ausgeklügelte maschinelle Lernalgorithmen, wird eine entscheidende Rolle bei der Formgebung der Produktzukunft spielen. Sie ermöglicht Unternehmen, das Verhalten der Kunden vorherzusagen, Marktentwicklungen zu antizipieren und ihre Strategien proaktiv anzupassen.

10.2 Einfluss auf Unternehmen

Mit der fortschreitenden Entwicklung der Produktanalyse werden Unternehmen mit Sicherheit einen gewaltigen Einfluss spüren. Zuerst einmal verhelfen erweiterte Analysefunktionen Unternehmen dazu, ihre Kunden besser zu verstehen und Produktangebote zu verbessern. Automatisierung, der neue beste Freund des Unternehmens, macht Prozesse einfacher und spart Zeit und Ressourcen. Und mit Predictive Analytics hat man tiefere Einblicke in Markttrends und Kundenverhaltensmuster, was Wettbewerbsvorteile mit sich bringt.

Die Zukunft der Produktanalyse ist wahrlich ein spannendes Bild: Sie ist von fortgeschrittener Technologie und unschätzbaren Erkenntnissen geprägt. Die Unternehmen, die diese sich ständig weiterentwickelnden Analysefunktionen nutzen, werden zweifellos besser darauf vorbereitet sein, ihre Produkte und Kunden vollumfänglich zu verstehen. Sie legen damit den Grundstein für ihren Erfolg in einer immer stärker datengetriebenen Welt.

Fazit

Zum Abschluss lässt sich sagen, dass die Zukunft der Produktanalyse in der Nutzung von technologischen Fortschritten für konkrete Erkenntnisse und Vorausschauen liegt. Während sich KI, maschinelles Lernen und Predictive Analytics weiter mit der Produktanalyse vermischen, werden Unternehmen noch nie dagewesene Möglichkeiten für Wachstum und Entwicklung haben. Diese Entwicklungen unterstreichen den Trend zu einem kundenorientierteren Geschäftsansatz, der durch datengetriebene Entscheidungsfindung unterstützt wird. Die Unternehmen, die in der Zukunft erfolgreich sein werden, sind diejenigen, die diese Verschiebung auf effektive und innovative Weise erkennen und sich anpassen. Die Zukunft der Produktanalyse ist schon hier – und sie ist genauso aufregend wie revolutionär!

Ihr Transfer in die Praxis

- Unternehmen können zukünftige Trends besser vorhersagen und strategische Entscheidungen treffen, da die Künstliche Intelligenz und das maschinelle Lernen in den Tools für Produktanalyse intensiver genutzt werden.
- Echtzeit-Datenanalyse ermöglicht Unternehmen eine schnellere Entscheidungsfindung und Anpassungsmöglichkeiten.
- Personalisierung des Benutzererlebnisses wird zum Standard werden und fortgeschrittene Produktanalysen machen dies einfacher.
- Durch ausgefeiltere Datenvisualisierung können komplexe Daten besser verstanden und fundiertere Entscheidungen getroffen werden.
- Miteinander verbundene Datensysteme werden zu einer vereinfachten Datenintegration führen und die Genauigkeit der Erkenntnisse erhöhen.

Glossar

Conversion Rate Das Verhältnis der Besucher, die eine gewünschte Aktion (z. B. einen Kauf oder eine Registrierung) ausführen, zur Gesamtzahl der Besucher. Eine hohe Conversion Rate wird in der Regel angestrebt, da sie den Erfolg einer Marketingkampagne oder einer Website widerspiegelt.
Customer Journey – Die Reise, die ein Kunde vom ersten Kontakt mit einem Produkt oder einer Dienstleistung bis hin zum Kauf oder der Beendigung der Nutzung durchläuft. Die Customer Journey umfasst typischerweise verschiedene Touchpoints, wie z. B. Werbung, Suchmaschinen, soziale Medien, Websites und Kundensupport, und kann aus verschiedenen Phasen bestehen, wie Bewusstsein, Aktivierung, Kauf und Bindung.
Data Pipelines Die technologische Infrastruktur und Prozesse zur Erfassung, Verarbeitung und Übertragung von Daten. Data Pipelines ermöglichen die automatische Erfassung und Verarbeitung von Daten aus verschiedenen Quellen und deren Weitergabe an Analysewerkzeuge oder Datenbanken.
Data Warehouse Eine zentrale Datenbank oder ein Speicherort für die langfristige Speicherung und Analyse von umfangreichen Datenmengen. In einem Data Warehouse werden Daten aus verschiedenen Quellen gesammelt, bereinigt und in einem für Abfragen und Analysen optimierten Format gespeichert.

Datenaggregation Das Sammeln und Zusammenführen von Daten aus verschiedenen Quellen zur Analyse und Erkenntnisgewinnung. Bei der Datenaggregation werden Daten aus mehreren Quellen (z. B. Datenbanken, externen Systemen oder Anwendungen) zusammengetragen, um einen umfassenderen Überblick oder ein detailliertes Bild zu erhalten.

Error Clicks Klicks, die aufgrund von Fehlern oder technischen Problemen auftreten, z. B. defekte Links oder fehlerhafte Buttons. Error Clicks können zu Frustration bei den Benutzern führen und sollten minimiert und behoben werden, um eine positive Benutzererfahrung sicherzustellen.

Events Ereignisse, die in einem bestimmten Kontext auftreten und durchgeführt werden, um ein bestimmtes Ziel zu erreichen oder eine bestimmte Erfahrung zu bieten. Events können sowohl im privaten Bereich, wie z. B. Hochzeiten oder Geburtstage, als auch im geschäftlichen Bereich, wie Konferenzen oder Messen, stattfinden.

Feature Release Die Veröffentlichung einer neuen Funktion oder einer Aktualisierung für ein Produkt oder eine Software. Ein Feature Release kann neue Funktionen, Verbesserungen, Fehlerbehebungen oder Sicherheitsupdates enthalten und wird in der Regel durchgeführt, um den Nutzern Mehrwert zu bieten oder die Wettbewerbsfähigkeit zu verbessern.

Framework Ein strukturierter Ansatz oder eine Methode zur Lösung von Problemen oder zur Entwicklung von Anwendungen. Frameworks bieten Entwicklern vorgefertigte Komponenten, Funktionen und Tools, die die Entwicklung erleichtern und beschleunigen können.

Fraud Clicks Klicks, die absichtlich generiert werden, um die Leistung oder Statistik eines Produkts oder einer Anzeige zu manipulieren. Fraud Clicks sind eine Form von Betrug und können dazu führen, dass Marketingkampagnen ineffektiv sind und Marktanalysen falsche Ergebnisse liefern.

Frustrated Clicks Klicks, die aufgrund von Frustration oder negativen Erfahrungen eines Benutzers mit einem Produkt oder einer Website entstehen. Frustrated Clicks können auf eine schlechte Benutzererfahrung, schlechte Website-Navigation oder langsame Ladezeiten zurückzuführen sein und sollten durch Verbesserungen behoben werden, um die Kundenzufriedenheit zu steigern.

Key Metrics Die Schlüsselmetriken, die den Erfolg einer Aktivität, eines Produkts oder einer Organisation quantifizieren und überwacht werden, um Entscheidungen zu treffen und Verbesserungen vorzunehmen. Key Metrics variieren je nach Branche und Zielsetzung, können jedoch

Umsatz, Kundenzufriedenheit, Markenbekanntheit, Conversion-Rate oder Engagement umfassen.

KPIs Key Performance Indicators, auch als Kritische Erfolgsfaktoren bezeichnet, sind messbare Werte, die die Leistung einer Organisation, eines Produkts oder einer bestimmten Aktivität darstellen und den Fortschritt in Richtung auf definierte Ziele messen. KPIs werden verwendet, um den Erfolg zu überwachen, Engpässe zu identifizieren und die Leistung zu verbessern.

Marketing Analytics Die Anwendung von Datenanalysen zur Messung und Optimierung von Marketingaktivitäten und Kampagnen. Marketing Analytics umfasst die Erfassung, Verarbeitung und Interpretation von Daten, um Einblicke in das Käuferverhalten, die Effektivität von Werbekanälen und -kampagnen sowie die Verbesserung der Marketingstrategie zu gewinnen.

North Star Metrics Eine zentrale Metrik, die den Erfolg eines Produkts oder einer Organisation widerspiegelt und als Anhaltspunkt für alle beteiligten Personen dient. North Star Metrics sind oftmals übergeordnete Ziele, die die Ausrichtung und Priorisierung von Aktivitäten und Maßnahmen beeinflussen.

OKR-Modell Objectives and Key Results ist ein Rahmenwerk zur Festlegung und Verfolgung von Zielen und Ergebnissen in einer Organisation. OKRs bestehen aus klaren Zielen (Objectives) und spezifischen messbaren Ergebnissen (Key Results), die die Fortschritte und Erfolge der Organisation im Bezug auf ihre strategischen Ziele festlegen.

Product Owner Eine Person in einem agilen Entwicklungsteam, die für die Definition und Priorisierung von Produktfunktionen und die Gewährleistung des Kundennutzens verantwortlich ist. Der Product Owner arbeitet eng mit dem Entwicklungsteam zusammen und stellt sicher, dass die Anforderungen der Benutzer erfüllt werden und das Produkt erfolgreich ist.

Scoring Ein Bewertungssystem oder eine Methode, um Daten oder Ergebnisse zu quantifizieren und zu vergleichen. Scoring wird oft verwendet, um die Leistung oder Erfüllung von Zielvorgaben zu bewerten und zu messen.

Seitenabsprungrate Das Verhältnis der Besucher, die eine Website nach dem Betrachten einer einzigen Seite verlassen, zur Gesamtzahl der Besucher. Eine hohe Seitenabsprungrate kann auf eine mangelnde Relevanz oder Attraktivität der Seite hinweisen und sollte durch Optimierung der Inhalte, Benutzerführung und Navigation reduziert werden.

(Technology-) Tool Stack Eine Sammlung von Technologien, Tools und Softwareprodukten, die für die Entwicklung oder den Betrieb eines Produkts oder einer Dienstleistung verwendet werden. Ein Tool Stack kann verschiedene Technologien wie Programmiersprachen, Datenbanken, Entwicklungsumgebungen, Analyse- und Projektmanagement-Tools umfassen, die zusammenarbeiten, um spezifische Anforderungen zu erfüllen.

Tracking/Tracken Das Sammeln und Verfolgen von Daten über das Verhalten von Benutzern oder Kunden, um Erkenntnisse zu gewinnen und die Leistung oder die Benutzererfahrung zu verbessern. Tracking wird oft in der digitalen Welt verwendet, um Informationen wie Seitenaufrufe, Klicks, Conversions und Kaufverhalten zu erfassen.

User Stories Kurze, in natürlicher Sprache formulierte Beschreibungen von Anforderungen aus der Perspektive des Endnutzers, die in agilen Entwicklungsmethoden verwendet werden. User Stories helfen dabei, die Kunden- und Nutzerbedürfnisse zu verstehen und in die Entwicklung von Produkten oder Dienstleistungen einzubeziehen.

 springer-gabler.de

Kluge Quick Guides

Jetzt bestellen: springer-gabler.de

SPRINGER NATURE

GPSR Compliance

The European Union's (EU) General Product Safety Regulation (GPSR) is a set of rules that requires consumer products to be safe and our obligations to ensure this.

If you have any concerns about our products, you can contact us on ProductSafety@springernature.com

In case Publisher is established outside the EU, the EU authorized representative is:

Springer Nature Customer Service Center GmbH
Europaplatz 3
69115 Heidelberg, Germany

The manufacturer's authorised representative in the EU is Springer Nature Customer Service Centre GmbH, Europaplatz 3, 69115 Heidelberg, Germany. If you have any concerns regarding our products, please contact ProductSafety@springernature.com

Printed and bound by CPI Group (UK) Ltd, Croydon, CR0 4YY

23/03/2026

02076397-0018